高校・大学・社会 学びと成長のリアル

「学校と社会をつなぐ調査」10年の軌跡

溝上慎一　責任編集

河合塾　編

学事出版

はじめに

　本書は、「学校と社会をつなぐ調査」（通称：10年トランジション調査）の最終成果を報告し、それを基に、高校から大学、仕事・社会へのトランジション（移行）について、さまざまな角度から論じるものである。

　本調査は、高校生を対象に約10年間追跡したプロジェクト調査である。2013年に京都大学高等教育研究開発推進センターと学校法人河合塾が共催で開始した。全国378校の高校2年生45,311名が調査に参加し、その中の1,486名がこのたびの最終調査に参加した。本書では、高校2年生からの変化や関連の分析を通して、新学習指導要領で大きく提起された資質・能力が、高校2年生から社会人3年目にかけてどのように変化するのか、高校・大学時の学習態度やキャリア意識、属性等が社会人における評価指標（本調査では「組織社会化」「能力向上」「資質・能力」を測定）にどのように関連、影響を及ぼすのかを明らかにする。

　なお調査は、企画・分析者の溝上慎一が学校法人桐蔭学園へ移ったことで、2018年9月より溝上（研究室）と学校法人河合塾との共催で継続した。

　今から振り返れば、2014年は学習指導要領改訂に向けた文部科学大臣からの諮問 i、中央教育審議会から『高大接続答申 ii』が矢継ぎ早に出され、世の中は一気に高大接続改革ムードになった年であった。しかし、私たちがこのプロジェクトを開始した2013年には、高大接続はまだ世の中の課題になっていなかった。当時私たちが考えていた問題意識を、前著『どんな高校生が大学、社会で成長するのか iii』、『高大接続の本質 iv』から簡潔にまとめると、次のとおりとなる。

　まず、私たちの高大接続の問題意識は、2010年頃到達した当時の大

学教育改革の成果から導き出した課題であったということである。

　大学では、教育改革が2000年代前後から本格的に取り組まれるようになり、中央教育審議会の『学士課程答申ᵥ』（2008年）、『質的転換答申ᵥᵢ』（2012年）が出される頃には、一定程度たどり着いた改革の方向性が示されるようになっていた。特に、アクティブラーニングを始めとする学習者本位の授業改善・学習改革、データ・エビデンスをもとに教育改善・改革を進めるための教学ＩＲ、3つの方針（ＤＰ・ＣＰ・ＡＰ）を柱とする教学マネジメント改革ᵥᵢᵢは、今日の大学教育改革に引き継がれており、「何を教えたか」（＝教授パラダイム）ではなく、「何を学び、身に付けることができたか」（＝学習パラダイム）というスローガンで、教授学習パラダイムᵥᵢᵢᵢの転換が謳われていた。言い換えれば、学士課程の４年間（６年間）で、どれだけ学生を学び成長させられるかをめざすようになったのである。

　ところが、このような大学教育改革が進む中で見えてきたのは、学生は大学入学時の段階ですでに、資質・能力や成長を促すための学習態度やキャリア意識をかなりの程度仕上げているということであった。『高大接続の本質』では、このような学習態度やキャリア意識を「自律のエンジン」とも呼んだ。限られたデータからではあったが、学生のこれらの評価は４年間で大きくは変わりにくいように思われた。私たちは10年トランジション調査を企画・実施し、このような仮説を検証することで、学生の学びと成長を促す大学教育というスローガンが、どの程度、どのように成り立つのかを検討しなければならないと考えた。

　当時、高校ᵢₓの教育関係者の多くは大学受験を至上命題のように捉えており、将来のキャリアや社会で求められる資質・能力を発達させること、そのための学習やさまざまな活動は、生徒たちが大学に進学してから思う存分取り組めばいいものと考えていた。まずは、少しでも良い大

学に入ること、高校ではそのための勉強をしっかりすることが彼らの将来のために非常に重要なことであると考えていた。

大学側から見ると、大学に入ってきてからでは「時すでに遅し」という見方が強まっていた。高校までの間に将来のことをあまり考えてこなかった生徒が、大学生になって考えられるようになるはずがない。高校までの間に、他者との議論や発表等に十分に取り組んでこなかった生徒が、周囲から声かけや指導を受けることがほとんどない大学の教育環境で、積極的に取り組むようになるはずがない。私たちは大学で学生を教えてきた経験と限られたデータからそのように考えていた。

人の発達から考えても、大学生になる19〜20歳の年齢期は青年期後期から成人期への移行期に属している。言い換えれば、誕生以来発達してきた人としての成熟期として特徴付けられる。たとえ中年期、老年期までわたる生涯発達の発達観 x が示されるにしても、大学生になる年齢期で、それまでできなかったこと、取り組んでこなかったことを、（大学）教育によってゼロベースで簡単にできるようになる年齢期でないことは明らかである。この上で、学生の学びと成長を促す大学教育とはいったいどのようなものなのかを明らかにする必要があった。

以上の問題意識をもって始められたのが、高校2年生を10年間、大学、仕事・社会へと追跡調査する10年トランジション調査なのであった。

これまでの成果との関連に言及しつつ、本書における各章の概要をまとめると以下のとおりとなる。

第1章（溝上慎一）は、高校2年生から社会人3年目までのデータを連結させて行った、高校から大学、社会へのトランジションの最終的な分析結果を示すものである。高校2年生の学習態度やキャリア意識等が社会人3年目にどのように影響を及ぼしているかが明らかにされる。

第1章で示す最終成果の大きな1つを先取って示すと、それは、高校から大学、仕事・社会へのトランジション構造が「間接効果の積み重ね」によって成り立っているということである。すなわち、高校時の学習態度やキャリア意識等は社会人の仕事の仕方や能力等に直接的に大きな影響を及ぼすのではなく、まず大学1年生に影響を及ぼし、その大学1年生の状態が大学生後半期に影響を及ぼし、さらに、その状態が社会人3年目の状態に影響を及ぼすといったものであった。この結果は、これまで2冊の本『どんな高校生が大学、社会で成長するのか』、『高大接続の本質』を通して示した高校から大学へのトランジションの構造が、社会人までのデータを加えて最終分析を終えた今でも、そのまま成り立つことを示唆している。

　なお、高校2年生から社会人3年目までの各時点での報告書は、河合塾グループサイトの「学校と社会をつなぐ調査」ページに所収されているので、必要に応じて参照していただきたい。

河合塾グループサイト「学校と社会をつなぐ調査」
https://www.kawaijuku.jp/jp/research/sch/

第2章（知念渉氏）は、社会階層（ＳＥＳ：社会経済的地位）の観点から本調査データの分析を行った結果を示すものである。第1章でも社会階層の観点からの分析結果は示しているが、それとは別に、これまで社会階層の観点から研究を行ってきた本分析チームの知念渉氏（教育社会学者）に分析・報告をお願いしたものである。その結果、資質・能力とＳＥＳの関連は認められなかったが、出身大学の入試偏差値、大学卒業後の年収とＳＥＳとの関連は認められたと報告されている。

　第3章（溝上慎一）では、第1章の結果と関連させて、最終調査の参加者8名にインタビューを行ったものを、3つの観点に従ってまとめている。
（観点1）学習態度とキャリア意識は関連している
（観点2）キャリア意識は変わりにくいが、変わらないわけではない
（観点3）大学教育が学びと成長の場とならず、大学教育以外の場で学びと成長の活動を求める
　また、インタビュー内容を踏まえて、以下の問いに答える形で本調査の結果から示唆されることを補足している。
（問1）入学した大学の偏差値が高ければトランジションは成功するか
（問2）大学から学び直してトランジションを成功させることができるか
（問3）トランジションの成功にキャリア意識は必要か
（問4）高校生から社会人にかけて人はもう変われないのか

　第4～6章は、本調査結果を受けて、以下の3人の有識者からコメントをいただき、それに基づいて筆者らとディスカッションを行い、まとめたものである。

第4章　社会的格差の視点から言えること（中村 高康氏）

　　　【ディスカッション】社会的格差の影響を超えて、資質・能力を伸ばすために

第5章　大学教育の視点から言えること（濱中 淳子氏）

　　　【ディスカッション】学び、成長できる大学教育であるために

第6章　教育行政の視点から言えること（板倉 寛氏）

　　　【ディスカッション】育成をめざす資質・能力と学習評価をどう考えるか

　第7章（真下峯子氏と対談）は、本調査に、高等学校側の立場で企画段階から10年にわたって協力をいただいた真下氏との特別対談をまとめたものである。本調査結果を高校現場にどのようにフィードバックするかを目的として議論されたものなので、教育行政の立場からのコメント、ディスカッションをした**第6章**（板倉氏）の内容と重なるところが多くある。世の中で求めるジェネリックスキルやコンピテンシーはもとより、学習指導要領で「資質・能力の3つの柱」と呼ぶときの資質・能力は、汎用的な水準でのものを指している。しかしながら、実際の学校教育、教科の実践において、活動は常に個別具体的であり、経験的である。たとえ教科の知識体系が高度に抽象化・概念化されていたとしても、それに取り組むだけで汎用的な資質・能力の育成に至るわけではない。このあたりを議論していくと、畢竟たどり着くのは、スクール・ポリシーでありカリキュラム・マネジメントである。**第6章**での板倉氏との議論と**第7章**での真下氏との議論は、まったく独立して行われたものであるが、ほぼ同じ考えに議論が収束した点はとても興味深いものであった。

本書は、10年トランジション調査の結果を踏まえて、さまざまな学術的・実践的観点から考察し、まとめたものであるが、そこで議論される一つ一つは、昨今の文部科学省施策と密接に関連している。特に、アクティブ・ラーニング、主体的・対話的で深い学び、キャリア教育、探究的な学習、高大接続、スクール・ポリシーは、本書の関連キーワードでもある。本書が、学校から仕事・社会へのトランジションに向けた学校教育をどのように改善・発展させていけばいいかを考える学術的・実践的な基礎資料となれば幸いである。

（溝上 慎一）

※「学校と社会をつなぐ調査」最終調査の企画・分析、調査実施や事務管理等に携わった者は以下の通りである。

企画・分析：
　　溝上 慎一（学校法人桐蔭学園 理事長　桐蔭横浜大学 教授）
　　柏木 智子（立命館大学産業社会学部 教授）
　　知念 渉（神田外語大学グローバル・リベラルアーツ学部 准教授）
　　畑野 快（大阪公立大学国際基幹教育機構 准教授）

調査実施や事務管理等：
　　学校法人河合塾 教育研究開発部
　　　　赤塚 和繁
　　　　上野 達央
　　　　木山 さゆり
　　　　高井 靖雄
　　　　徳永 紗世
　　　　富沢 弘和　　　※五十音順

〈参考文献〉

i　下村博文文部科学大臣『初等中等教育における教育課程の基準等の在り方について（諮問）』（2014年11月20日）

ii　中央教育審議会『新しい時代にふさわしい高大接続の実現に向けた高等学校教育、大学教育、大学入学者選抜の一体的改革について──すべての若者が夢や目標を芽吹かせ、未来に花開かせるために──（答申）』（2014年12月22日）

iii　溝上慎一（責任編集）京都大学高等教育研究開発推進センター・河合塾（編）（2015）．どんな高校生が大学、社会で成長するのか──「学校と社会をつなぐ調査」からわかった伸びる高校生のタイプ──　学事出版

iv　溝上慎一（責任編集）京都大学高等教育研究開発推進センター・河合塾（編）（2018）．高大接続の本質──「学校と社会をつなぐ調査」から見えてきた課題──　学事出版

v　中央教育審議会『学士課程教育の構築に向けて（答申）』（2008年12月24日）

vi　中央教育審議会『新たな未来を築くための大学教育の質的転換に向けて〜生涯学び続け、主体的に考える力を育成する大学へ〜（答申）』（2012年8月28日）

vii　中央教育審議会『2040年に向けた高等教育のグランドデザイン（答申）』（2018年11月26日）

viii　溝上慎一（2014）．アクティブラーニングと教授学習パラダイムの転換　東信堂

ix　ここでの「高校」とは、進学校を始め、6〜7割以上の生徒が高等教育機関（大学や短大、高専、専門学校など）に進学する学校を指している。

x　Baltes, P. B., Reese, H. W., & Lipsitt, L. P. (1980)．Life-span developmental psychology. *Annual Review of Psychology, 31,* 65-110.、高橋惠子・波多野誼余夫（1990）．生涯発達の心理学　岩波書店

141 | 第7章

[特別対談]真下 峯子×溝上 慎一
これからの学校教育を考える
──「学校と社会をつなぐ調査」を受けて

※第4章～第6章は、2022年10月1日に開催された「学校と社会をつなぐ調査 最終報告会&シンポジウム『高校・大学・社会──学びと成長の10年を追う──』」の中で行われたコメント&討論の内容をもとに再構成したものです。

第**1**章

高校2年生は 10年間でどのように 変化・成長したのか

溝上 慎一

1. 最終調査（社会人3年目）の概要

(1) 調査名

「学校と社会をつなぐ調査」（通称：10年トランジション調査）

(2) 目的

　本調査の大きな目的は「はじめに」で述べたとおり、高校から大学、仕事・社会へのトランジションの構造を明らかにすることである。本章では、次に述べる第3ステージの調査を社会人3年目の参加者を対象に行い、高校や大学での学習態度やキャリア意識、資質・能力等が、仕事・社会にどのように影響を及ぼしているかを明らかにする。

(3) 調査の実施ステージ

　調査は高校2年生から約10年の追跡調査として実施された。大きく3つの時期をステージとして設定した（**図表1-1**）。第1ステージが高校2年時である。第2ステージは、本調査の目的から主として大学進学者の4年間である。なお、短期大学や専修学校への進学者、就職者に対しても、独自の調査票を用いて追跡調査を行ったが、回答者数が少なく分析は見送られた。第3ステージは、大学を卒業して仕事に就いた社会人3年目である。いわゆる初期キャリアと呼ばれる時期でもある。大学院（修士）進学者に対しても、独自の調査票を用いて追跡調査を実施する予定であったが、調査が進む中で分析結果が複雑になりすぎることを懸念し、実施を見送ることとした。第2ステージで、短期大学進学者ほか分析を見送った参加者についての検討も併せて、今後の課題とする。

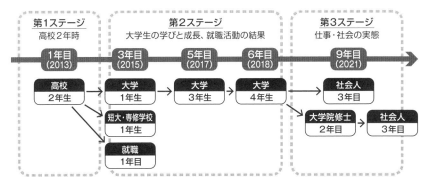

図表1-1　10年トランジション調査の3つの実施ステージ ⅰ

（4）最終調査の実施

　（3）で述べた第3ステージの調査を、2021年12月にインターネット
で実施。調査は、大学1年生調査で4年制の大学へ現役で進学し、卒業
したと見なされる人（調査目的を簡潔化して検討するため、6年制学部
に所属していた人、大学院に進学した人は調査対象から除外した）を対
象とし、回答者は1,486名（男性442名、女性1,037名、その他7名）で
ある。高校2年時の調査で継続調査を承諾した人の8.8%に相当するも
のであった。

　最終調査の主な内容は、以下のとおりである。
・資質・能力（他者理解力、計画実行力、コミュニケーション・リー
　ダーシップ力、社会文化探究心）
・仕事のパフォーマンス（組織社会化、能力向上）
※使用変数の詳細は**巻末資料2**に記載している。

（5）データの概要

　分析は（4）の回答者（1,486名）の中から、「大学を卒業して、就職・
仕事をしている（フリーランス、アルバイトを含む）」2年目、3年目の

社会人1,457名を抽出して行った。以下、手続きの詳細である。

　図表1-2は、男女別、現在の就学・就職状況別に示したものである。分析では、(2) の目的に照らして、まず大学卒業後の社会人である「大学を卒業して、就職・仕事をしている（フリーランス、アルバイトを含む）」の1,466名（図表1-2）を対象として選出した。

　次いで、その1,466名のうち、大学卒業後3年目の参加者をさらなる分析対象として選出した（図表1-3）。なお、留年等で1年遅れて大学

	男性	女性	全体
4年制（あるいは6年制）大学に在籍	0 （ 0.0)	1 （ 0.1)	1 （ 0.1)
短期大学に在籍	0 （ 0.0)	1 （ 0.1)	1 （ 0.1)
専門学校に在籍	1 （ 0.2)	1 （ 0.1)	2 （ 0.1)
浪人・再受験の準備をしている	0 （ 0.0)	0 （ 0.0)	0 （ 0.0)
大学を卒業して、就職・仕事をしている（フリーランス、アルバイトを含む）	436 (98.6)	1,023 (98.6)	1,466 (98.7)
大学を卒業して、就職準備中である	3 （ 0.7)	5 （ 0.5)	8 （ 0.5)
何もしていない	1 （ 0.2)	3 （ 0.3)	4 （ 0.3)
その他（具体的にお答えください）	1 （ 0.2)	3 （ 0.3)	4 （ 0.3)
計	442 (100.0)	1,037 (100.0)	1,486 (100.0)

（注）性別の未回答者、不明者がいるので、男女の合計は1,486名にはならない。

図表1-2　現在の就学・就職状況

	男性	女性	全体
1年目 (2021年3月卒業)	4 （ 0.9)	1 （ 0.1)	5 （ 0.3)
2年目 (2020年3月卒業) (2020年9月卒業も含む)	61 (14.0)	89 （ 8.7)	152 (10.4)
3年目 (2019年3月卒業) (2019年9月卒業も含む)	370 (84.9)	930 (91.1)	1,305 (89.0)
4年目以上	1 （ 0.2)	1 （ 0.1)	2 （ 0.1)
未回答			2 （ 0.1)
計	436 (100.0)	1,021 (100.0)	1,466 (100.0)

（注1）上の質問で"大学を卒業して、就職・仕事をしている（フリーランス、アルバイトを含む）"と回答した1,466名を抽出している。
（注2）性別の未回答者がいるので、各選択肢の男女の合計は必ずしも全体の数値と一致しない。

図表1-3　現在仕事をしている人：大学卒業後の年数

を卒業している「2年目」も分析対象に加え、「2年目」「3年目」の計1,457名（1,466名の99.4%）（図表1-3）を分析対象とした。

　このようにして抽出された分析対象者1,457名の仕事の業種、職種、正規・非正規、役職の割合を、**図表1-4～図表1-7**に示す。

※高校2年時から各年次調査のデータの概要は**巻末資料1**、使用変数は**巻末資料2**に記載している。また、断りがなければ、分析にはIBM SPSS Statistics、AMOS Version 25.0を使用している。

	男性	女性	全体
農林漁業	0（ 0.0)	2（ 0.2)	2（ 0.1)
鉱業	0（ 0.0)	0（ 0.0)	0（ 0.0)
建設業	16（ 3.7)	21（ 2.1)	37（ 2.5)
製造業	51（11.8)	95（ 9.3)	146（10.0)
電気・ガス・熱供給・水道業	1（ 0.2)	6（ 0.6)	8（ 0.5)
情報通信業	71（16.5)	112（11.0)	184（12.6)
運輸業、郵便業	22（ 5.1)	28（ 2.7)	50（ 3.4)
卸売業、小売業	18（ 4.2)	65（ 6.4)	83（ 5.7)
金融・保険業	33（ 7.7)	78（ 7.7)	111（ 7.6)
不動産業、物品賃貸業	4（ 0.9)	18（ 1.8)	22（ 1.5)
飲食・宿泊業	2（ 0.5)	10（ 1.0)	12（ 0.8)
医療・福祉	12（ 2.8)	157（15.4)	169（11.6)
教育・学習支援	35（ 8.1)	84（ 8.2)	119（ 8.2)
学術研究、専門・技術サービス業	8（ 1.9)	29（ 2.8)	37（ 2.5)
その他サービス業	25（ 5.8)	71（ 7.0)	96（ 6.6)
公務（員）	68（15.8)	144（14.1)	214（14.7)
その他	4（ 0.9)	10（ 1.0)	15（ 1.0)
未回答	61（14.2)	89（ 8.7)	152（10.4)
計	431（100.0)	1,019（100.0)	1,457（100.0)

（注）性別の未回答者がいるので、各選択肢の男女の合計は必ずしも全体の数値と一致しない。

図表1-4　現在仕事をしている人：仕事の業種

	男性	女性	全体
研究・技術職	99 （23.0）	232 （22.8）	332 （22.8）
経理・財務関係事務職	23 （ 5.3）	25 （ 2.5）	48 （ 3.3）
企画・総務・広報関係事務職	36 （ 8.4）	81 （ 7.9）	117 （ 8.0）
人事・労務関係事務職	7 （ 1.6）	29 （ 2.8）	37 （ 2.5）
営業・購買・販売職	96 （22.3）	165 （16.2）	261 （17.9）
一般事務職	63 （14.6）	189 （18.5）	254 （17.4）
その他	46 （10.7）	209 （20.5）	256 （17.6）
未回答	61 （14.2）	89 （ 8.7）	152 （10.4）
計	431 （100.0）	1,019 （100.0）	1,457 （100.0）

（注）性別の未回答者がいるので、各選択肢の男女の合計は必ずしも全体の数値と一致しない。

図表1-5　現在仕事をしている人：仕事の職種

	男性	女性	全体
正規の職員・従業員	353 （81.9）	870 （85.4）	1,226 （84.1）
非正規（パート・アルバイト・派遣社員・契約社員・嘱託等）の職員・従業員	14 （ 3.2）	55 （ 5.4）	71 （ 4.9）
その他	3 （ 0.7）	5 （ 0.5）	8 （ 0.5）
未回答	61 （14.2）	89 （ 8.7）	152 （10.4）
計	431 （100.0）	1,019 （100.0）	1,457 （100.0）

（注）性別の未回答者がいるので、各選択肢の男女の合計は必ずしも全体の数値と一致しない。

図表1-6　現在仕事をしている人：正規・非正規

	男性	女性	全体
一般の職員・従業員	345 （80.0）	895 （87.8）	1,243 （85.3）
係長・主任・班長などのポジション	20 （ 4.6）	20 （ 2.0）	41 （ 2.8）
課長・マネージャー・課長補佐などのポジション	1 （ 0.2）	8 （ 0.8）	10 （ 0.7）
部長・次長・副部長など	1 （ 0.2）	2 （ 0.2）	3 （ 0.2）
役員・経営者	2 （ 0.5）	1 （ 0.1）	3 （ 0.2）
その他	1 （ 0.2）	4 （ 0.4）	5 （ 0.3）
未回答	61 （14.2）	89 （ 8.7）	152 （10.4）
計	431 （100.0）	1,019 （100.0）	1,457 （100.0）

（注）性別の未回答者がいるので、各選択肢の男女の合計は必ずしも全体の数値と一致しない。

図表1-7　現在仕事をしている人：役職

2. 高校・大学での学びは、どのように仕事・社会へつながるのか

本節では、以下3つの分析結果を紹介する。なお、分析に用いる変数間の相関分析（ピアソンの相関係数）の結果を**巻末資料3**に掲載している。分析結果を解釈する際の基礎資料として併せてご覧いただきたい。

> 分析1　高校2年生から社会人3年目にかけて資質・能力は変化するか
> 分析2　属性変数（社会経済的地位や高校の大学進学程度など）との関連
> 分析3　高校・大学時の学習態度やキャリア意識等が社会人に及ぼす影響

(1) 分析1　高校2年生から社会人3年目にかけて資質・能力は変化するか

大学4年生までの分析と同様にして、高校2年生から社会人3年目にかけて、「資質・能力」（他者理解力、計画実行力、コミュニケーション・リーダーシップ力、社会文化探究心）[ii] がどのように変化するかを、潜在クラス成長分析（Latent Class Growth Analysis; LCGA）[iii] によって検討を行った。分析にはM-Plus version 8.6を使用した。

なお、LCGAのクラス選定に当たっては、以下の基準を用いた。

> ① SSABIC（Sample Sized Adjusted Bayesian Information Criterion）の値が小さいほど望ましいこと
> ② エントロピーの値が.75以上が望ましいこと
> ③ LMR-LRT（Lo-Mendell-Rubin adjusted likelihood ratio test）が有意であること（p<.05）[iv]
> ④ 最低でも1クラスに5％以上のサンプルが含まれること
> ⑤ 解釈可能性があること[v]

図表1-8、図表1-9に示す結果とこれらの選定基準に基づいて、本分析では3クラスを採用した。3クラス別に、4つの資質・能力の得点を高校2年生から社会人3年目までの6時点でプロットして図表化したものを図表1-10に示す。

　図表に示すとおり、3クラスはそれぞれ“高クラス”“中クラス”“低クラス”と命名されるような単純なグループでまとまっていた。この結果は、高校2年生～社会人3年目にかけて、生徒・学生の資質・能力が、クラス移動するほどの変化をしないことを示唆している（たとえば低クラスから中クラス・高クラスへ、中クラスから高クラス・低クラスへ変化することは統計上起こっていない）。高校2年生から大学4年生までに示してきた結果と同じである[vi]。

　社会人3年目における各クラスの得点はいずれも、高校2年生から大学4年生にかけてのそれから落ち込んでいる。その落ち込みは、各クラ

Solution	SSABIC	LMR-LRT	Entropy	Trajectory group prevalence (%)				
				1	2	3	4	5
Class3	60403.973	0.0044	0.851	29.5	20.2	50.3		
Class4	59906.619	0.0153	0.849	44.7	27.7	5.8	21.7	
Class5	59676.663	0.2987	0.843	7.4	5.5	22.4	21.5	43.2

図表1-8　潜在クラス成長分析によるモデル適合度

		高クラス		中クラス		低クラス	
他者理解力	切片	4.543	***	4.162	***	3.581	***
	傾き	−0.062	***	−0.065	***	−0.026	*
計画実行力	切片	4.060	***	3.441	***	2.652	***
	傾き	−0.084	***	−0.055	***	−0.001	
コミュニケーション・リーダーシップ力	切片	4.239	***	3.645	***	2.834	***
	傾き	−0.029	**	−0.014		0.028	*
社会文化探究心	切片	4.348	***	3.813	***	3.276	***
	傾き	−0.081	***	−0.077	***	−0.058	***

図表1-9　各クラスにおける4つの資質・能力の切片・傾き

スの傾きの多くが有意に負の値を示していることから、統計的にも明らかである（**図表1-9**）。なぜ大学4年生まで安定的に、一定程度上昇してきた資質・能力の得点が社会人になって落ち込むのかは、本調査のデータからは明らかにならない。学校から社会へと生活・行動環境を大きく変え、これまでとは異なる評価基準で自身の資質・能力を見るようになった結果かもしれない。あるいは、大学生のときに抱いていた理想と社会の現実とのギャップである「リアリティショック」の影響を受けてのものかもしれない[vii]。今後の課題としたい。

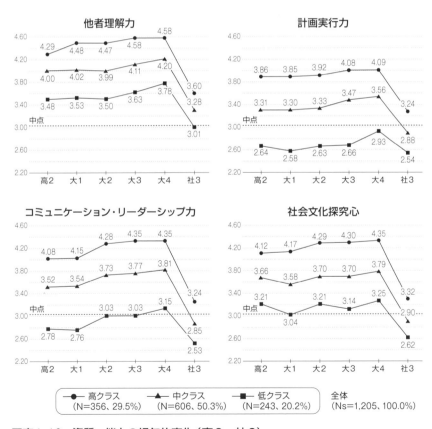

図表1-10　資質・能力の経年的変化（高2〜社3）

（2）分析2　属性・地位変数（社会経済的地位や高校の大学進学程度など）との関連

　分析3（高校・大学時の学習態度やキャリア意識等が社会人に及ぼす影響の検討）に先立ち、社会人3年目の評価である「組織社会化」「能力向上」「資質・能力」と属性変数（社会経済的地位や高校の大学進学程度など）、並びに大学卒業時の就職活動の結果[viii]との関連を分析した。これらは、大学生の成長を促すと考えられる学習態度やキャリア意識等に、背後で影響を及ぼす可能性のある属性や（達成）地位の変数として位置づけられるものである。なお、これらの属性・地位変数は、分析3のパス解析前の変数選択においても検討を行うが、ここでは分散分析によってどの程度の有意性が認められるかを検討するものであることを断っておく。

　結果の図表を見ると、社会人の「組織社会化」「能力向上」「資質・能力」と、「家庭の社会経済的地位」（**図表1-11**）、「入学した大学の入試偏差値」（**図表1-13**）、「就職活動の結果（大4）」（**図表1-14**）、「就職先は第一志望であったか（大4）」（**図表1-15**）との関連は有意差が認められなかった。あるいは、有意差が認められる場合でも、効果量は"なし"と判定されるものであった。唯一「高校の大学進学程度」と「資質・能力（社3）」との関連（**図表1-12**）において、1％の有意差かつ効果量（小）が認められた。

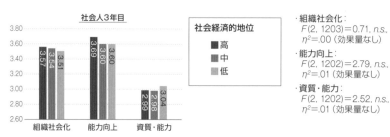

図表1-11　家庭の社会経済的地位と社会人指標との関連

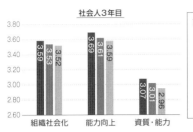

· 組織社会化:
$F_{(2, 1089)}=1.16$, n.s.,
$\eta^2=.00$（効果量なし）

· 能力向上:
$F_{(2, 1088)}=2.67$, n.s.,
$\eta^2=.01$（効果量なし）

· 資質・能力:
$F_{(2, 1088)}=6.73$, $p<.01$,
(Tukey) 3>1,
$\eta^2=.01$（効果量小）

図表1-12　高校の大学進学程度と社会人指標との関連

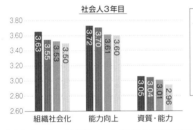

· 組織社会化:
$F_{(3, 1085)}=1.12$, n.s.,
$\eta^2=.00$（効果量なし）

· 能力向上:
$F_{(3, 1084)}=2.25$, n.s.,
$\eta^2=.01$（効果量なし）

· 資質・能力:
$F_{(3, 1084)}=2.31$, n.s.,
$\eta^2=.01$（効果量なし）

図表1-13　入学した大学の入試偏差値と社会人指標との関連

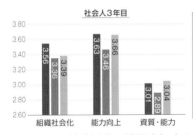

· 組織社会化:
$F_{(2, 1235)}=5.31$, $p<.01$,
(Tukey)有意差なし,
$\eta^2=.01$（効果量なし）

· 能力向上:
$F_{(2, 1234)}=4.32$, $p<.05$,
(Tukey)有意差なし,
$\eta^2=.01$（効果量なし）

· 資質・能力:
$F_{(2, 1234)}=3.48$, $p<.05$,
(Tukey)有意差なし,
$\eta^2=.01$（効果量なし）

図表1-14　就職活動の結果（大4）と社会人指標との関連

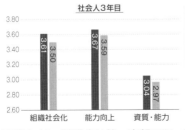

· 組織社会化:
$t_{(1115)}=2.99$, $p<.01$,
$d=.13$（効果量なし）

· 能力向上:
$t_{(1114)}=2.24$, $p<.05$,
$d=.10$（効果量なし）

· 資質・能力:
$t_{(1114)}=2.63$, $p<.01$,
$d=.09$（効果量なし）

図表1-15　就職先は第一志望であったか（大4）と社会人指標との関連

(3) 分析３　高校・大学時の学習態度、キャリア意識等が社会人に及ぼす影響

　ここでは、目的変数として設定する社会人３年目の評価指標である「組織社会化」「能力向上」「資質・能力」に、高校・大学時におけるどのような変数が影響を及ぼしているかを、パス解析によって検討した。ただし、調査が過去大きく５時点でなされていること、高校・大学時それぞれで検討した変数、前項で検討した属性・地位変数が多数あることから、本分析では以下の３つの条件に従って時期・変数を絞り込み、高校から大学、仕事・社会へのトランジションの変化・影響を分析するパスモデル（以下「トランジションモデル」と呼ぶ）を設定した[ix]。

①分析対象の時期：
　高校２年生（高２）―大学１年生（大１）―大学３年生（大３）―社会人３年目（社３）
②高校時の要因、地位・属性変数：
　巻末資料３で示す相関係数の結果を見て、モデルの目的変数である「組織社会化（社３）」「能力向上（社３）」「資質・能力（社３）」と相関係数（r）が0.1以上であるもの
③大学時の要因：
　これまでの報告書[x]で主に分析してきた５つの変数「二つのライフ」「主体的な学習態度」「アクティブラーニング外化（以下『AL外化』と呼ぶ）」「授業外学習時間」「成績」を用いる。
　なお、高校２年生の「生徒タイプ」については、『どんな高校生が大学、社会で成長するのか』で説明した特徴を以下に記しておく[xi]。また、ここでのパスモデルにおいては、「勉学ほどほどタイプ」を基準として、他のタイプをダミー変数[xii]として変換し、分析を行った。ただし、社会

人3年目のデータで、「⑤読書マンガ傾向タイプ」「⑥ゲーム傾向タイプ」は度数が少なく、分析から除外している。

高校2年生の生徒タイプの説明

①勉学タイプ

よく学び、将来に向けて頑張り、個人の成長を実感している生徒タイプである。

②勉学ほどほどタイプ（ダミー基準）

勉学タイプより授業以外の学習時間がやや短いものの、それ以外の特徴は勉学タイプに類似している。準勉学タイプとでも呼ぶべきタイプである。

③部活動タイプ

部活動を中心に高校生活を過ごし、良好な友だち関係や集団行動には適応しているが、授業外学習はあまりせず、将来のこともあまり考えていないタイプである。

④交友通信タイプ

友だちと遊んだり通信したりすることが高校生活の中心であり、良好な友だち関係を築いていたり集団行動に適応していたりする。授業外学習はあまりしないが、将来のことは比較的よく考えているタイプである。

⑤読書マンガ傾向タイプ

読書したりマンガ・雑誌を読んだりして、ひとりで過ごすことが多く、友だち関係は弱く、自尊感情、キャリア意識は低いタイプである。

⑥ゲーム傾向タイプ

ゲームをしてひとりで過ごすことが多く、勉強はしない、友だち関係は弱い、キャリア意識も低いタイプである。

⑦行事不参加タイプ

　友だち関係が弱く、自尊感情の低いことが学校行事への消極的参加につながっていると考えられ、将来のことも考えられていないタイプである。

　トランジションモデルにおけるパス解析を行い、5％以上で有意なパスのみを残した最終分析の結果を**図表1-16**、**図表1-17**に示す。分析から明らかになった結果について、以下考察を行う。

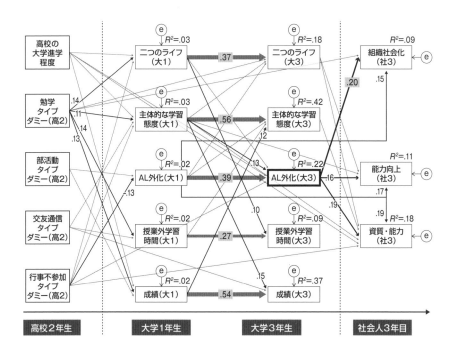

＊モデル適合度：$\chi^2(75)=350.667$, $p<.001$, $CFI=.993$, $RMSEA=.009$
＊図表中のパス係数はすべて$p<.05$以上で有意である。誤差項の相関はすべて省略している。パス係数.20以上を強調している。
＊薄い線はパス係数が.10未満のもので、係数は図示していない。すべての数値は**図表1-17**で示している。

図表1-16　トランジションモデルにおけるパス解析の結果（高校2年生〜社会人3年目）

大学1年生

	説明変数	二つのライフ	主体的な学習態度	AL外化	授業外学習時間	成績
高校2年生	（高2）高校の大学進学程度	−.04	−.07			−.04
	（高2）勉学タイプダミー	.14	.11		.14	.13
	（高2）部活動タイプダミー			−.08		.06
	（高2）交友通信タイプダミー		−.09			
	（高2）行事不参加タイプダミー	−.08	−.07	−.13		
大学1年生	（大1）二つのライフ	—	—	—	—	—
	（大1）主体的な学習態度	—	—	—	—	—
	（大1）AL外化	—	—	—	—	—
	（大1）授業外学習時間	—	—	—	—	—
	（大1）成績	—	—	—	—	—
大学3年生	（大3）二つのライフ	—	—	—	—	—
	（大3）主体的な学習態度	—	—	—	—	—
	（大3）AL外化	—	—	—	—	—
	（大3）授業外学習時間	—	—	—	—	—
	（大3）成績	—	—	—	—	—
		.03	.03	.02	.02	.02

大学3年生

	説明変数	二つのライフ	主体的な学習態度	AL外化	授業外学習時間	成績
高校2年生	（高2）高校の大学進学程度			.06		
	（高2）勉学タイプダミー	.08				
	（高2）部活動タイプダミー					
	（高2）交友通信タイプダミー				−.07	.05
	（高2）行事不参加タイプダミー			−.06		
大学1年生	（大1）二つのライフ	.37		.09	.10	
	（大1）主体的な学習態度	.07	.56	.13		.15
	（大1）AL外化	.09	.05	.39		
	（大1）授業外学習時間		.05		.27	
	（大1）成績		.12			.54
大学3年生	（大3）二つのライフ	—	—	—	—	—
	（大3）主体的な学習態度	—	—	—	—	—
	（大3）AL外化	—	—	—	—	—
	（大3）授業外学習時間	—	—	—	—	—
	（大3）成績	—	—	—	—	—
	R^2	.18	.42	.22	.09	.37

社会人3年目

	説明変数	組織社会化	能力向上	資質・能力
高校2年生	（高2）高校の大学進学程度			.05
	（高2）勉学タイプダミー	.05		
	（高2）部活動タイプダミー			
	（高2）交友通信タイプダミー			
	（高2）行事不参加タイプダミー			−.07
大学1年生	（大1）二つのライフ			
	（大1）主体的な学習態度		.07	.08
	（大1）AL外化	.15	.17	.19
	（大1）授業外学習時間			
	（大1）成績			
大学3年生	（大3）二つのライフ		.07	.08
	（大3）主体的な学習態度			.06
	（大3）AL外化	.20	.16	.19
	（大3）授業外学習時間			
	（大3）成績			
	R^2	.09	.11	.18

*$p < .05$以上で有意差が見られた係数のみを記している。

図表1-17　トランジションモデルにおける図表1-16のパス係数

第1に、分析2で示した結果と同様に、本分析からも「社会経済的地位」「入学した大学の入試偏差値」の属性・地位変数は、パス解析前の条件を満たさず、本モデルに影響を及ぼす変数ではないと見なされた。「高校の大学進学程度」は条件を満たしパスモデルには組み込まれたものの、.10以上のパス係数は認められず、本モデルでの影響は大きくないと考えられた。

第2に、トランジションモデルの目的変数である「組織社会化（社3）」「能力向上（社3）」「資質・能力（社3）」に、.10以上の大きさで直接的な影響を及ぼしていたのは、大学1年生、3年生の「AL外化」のみであった。AL外化は、大学1・3年生いずれも「二つのライフ」（.18、.25）、「主体的な学習態度」（.32、.34）と低い、あるいは中程度の相関が見られるので（括弧内は大1、大3のAL外化との相関係数、**巻末資料3**より）、同時期における学習態度やキャリア意識と関連しながら社会人3年目に直接的に影響を及ぼす変数として見出されるのだと理解される。

AL外化［大1］ ※数値はパス係数
　→組織社会化［社3］（.15）、能力向上［社3］（.17）、資質・能力　［社3］（.19）

AL外化［大3］
　→組織社会化［社3］（.20）、能力向上［社3］（.16）、資質・能力　［社3］（.19）

第3に、大学1年生と3年生の同じ変数間のパス係数が高い。この結果は、本分析で扱った5つの変数が大学1年生から3年生にかけて変化しにくいことを示唆している。特に「主体的な学習態度」（.56）、「成

績」（.54）で高い値を示していた。成績については、10年前からGPA
が大学1年生から4年生・卒業時に向けて変化しにくいことが示唆され
ており[xiii]、ここでの結果もそれを支持するものである。

二つのライフ（.37）
主体的な学習態度（.56）
AL外化（.39）
授業外学習時間（.27）
成績（.54）　　　　　　　　　※数値はパス係数

　他方で、「授業外学習時間」（.27）、「二つのライフ」（.37）、「AL外
化」（.39）は、高いパス係数であると言っても、可変性を十分認めるこ
とができる程度の値である。実際、前調査の結果（**図表1-18**）からも分
かるように、大学1～4年生にかけて、20～25％の学生がAL外化を
低から中へ、低から高へと変化させていた。変わりにくいとされる学習
態度やキャリア意識の変数の中でも、可変性を認めやすい変数はあると
考えられる。

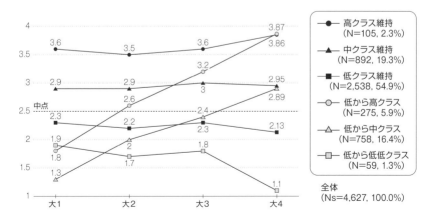

図表1-18　大学1～4年生のAL外化の変化（潜在クラス成長分析の結果）[xiv]

第4に、高校2年生の変数については、「勉学タイプダミー（高2）」
と「行事不参加タイプダミー（高2）」が大学1年生の変数に.10以上の
パス係数で影響を及ぼしていた。他方で、社会人3年目に影響を及ぼす、
直接的なパス係数が.10以上で認められる結果は得られなかった。

勉学タイプダミー［高2］→ 二つのライフ［大1］（.14）
勉学タイプダミー［高2］→ 主体的な学習態度［大1］（.11）
勉学タイプダミー［高2］→ 授業外学習時間［大1］（.14）
勉学タイプダミー［高2］→ 成績［大1］（.13）
行事不参加タイプダミー［高2］→ AL外化［大1］（−.13）

※数値はパス係数

　第5に、本モデルで設定した高校から大学、仕事・社会へのトランジ
ションにおいては、高校2年生から社会人3年目への直接的な影響は大
きくは認められなかった。上記の結果も併せて考察すると、高校から大
学への移行期、その後大学生になってからの前半期、後半期といったよ
うに、節目節目の時期に学習態度やキャリア意識等を再構築する、すな
わち「間接効果」を積み重ねていくことが実践的な教育や指導への示唆
になると考えられる。濱中[xv]はトランジションにおける間接効果の意
義を「学び習慣仮説」を通して説いており、本研究でもその見方を支持
する結果が得られたと言える。
　最後に、社会人3年目の変数（「組織社会化」「能力向上」「資質・能
力」）の説明率は低いものであった（R2 = .09-.18）。この結果は、大学
から仕事・社会へのトランジションの直接的影響は認められるものの、
社会人3年目の変数をより実質的に説明するのは、職場や社会生活の中
にある要因であろうと考えられる。

3. まとめ

○高校2年生から社会人3年目にかけての資質・能力は、高中低のクラス移動を伴うほどには変化しないことが明らかとなった。それまで一定程度上昇してきた資質・能力がなぜ社会人になって大きく落ち込むのかは、今後の検討課題として残された。

○社会人3年目の評価指標としての「組織社会化」「能力向上」「資質・能力」を目的変数とする学校から仕事・社会へのトランジションモデルにおいて、社会経済的地位や入学した大学の入試偏差値等の属性・地位変数の影響は大きくは認められなかった。

○社会人3年目の「組織社会化」「能力向上」「資質・能力」に大きな影響を及ぼしていた変数は、大学3年生の「AL外化」であった。主体的な学習態度やキャリア意識（二つのライフ）などと関連しながら、仕事・社会へのトランジションを促す変数であると考えられた。

○大学生の学びと成長を促す変数としてモデルに組み込んだ「二つのライフ」「主体的な学習態度」「AL外化」「授業外学習時間」「成績」は、大学1年生から3年生にかけて変化しにくい変数であることが明らかとなった。もっとも、それらの変数の中でも、「授業外学習時間」「二つのライフ」「AL外化」はある程度の変化を促せる変数であるとも考えられた。

○高校2年生から社会人3年目に直接的に大きく影響を及ぼしている変数は認められなかった。高校から大学への移行期、その後大学生になってからの前半期、後半期といったように、節目節目の時期に学習態度やキャリア意識等を再構築する、すなわち「間接効果」を積み重ねていくことが、学校から仕事・社会へのトランジションに対する実践的な教育的示唆になると考えられた。

i 溝上慎一（責任編集）京都大学高等教育研究開発推進センター・河合塾（編）(2018). 高大接続の本質——「学校と社会をつなぐ調査」から見えてきた課題—— 学事出版, 図表2-1 (pp.62-63) より。

ii 使用変数の項目や分析法については巻末資料2を参照。

iii Nagin, D. S. (2005). *Group-based modeling of development.* Cambridge, MA: Harvard University Press.

iv Macia, K. S., & Wickham, R. E. (2019). The impact of item misspecification and dichotomization on class and parameter recovery in LCA of count data. *Multivariate Behavioral Research, 54 (1),* 113-145.

v Enders, C. K. (2010). *Applied missing data analysis.* New York: The Guilford Press., Reinecke, J. (2006). Longitudinal analysis of adolescents' deviant and delinquent behavior: Applications of latent class growth curves and growth mixture models. *Methodology: European Journal of Research Methods for the Behavioral and Social Sciences, 2 (3),* 100-112.

vi 河合塾グループサイト「学校と社会をつなぐ調査」(https://www.kawaijuku.jp/jp/research/sch/) に、大学4年生までの分析結果を記した報告書が掲載されている。

vii リアリティショックに関する最新の論文として、片山・藤 (2022) を参照。片山まゆみ・藤桂 (2022). 転職時のリアリティショックと離転職意思——自己概念明確性の効果に着目して—— 心理学研究, 93 (6), pp.495-505.

viii 使用変数の項目や分析法については巻末資料2を参照。

ix 最終的に用いた使用変数の項目や分析法については巻末資料2を参照。

x 「はじめに」を参照。

xi 詳しくは溝上慎一（責任編集）京都大学高等教育研究開発推進センター・河合塾（編）(2015). どんな高校生が大学、社会で成長するのか——「学校と社会をつなぐ調査」からわかった伸びる高校生のタイプ—— 学事出版, pp.19-23を参照。

xii ダミー変数とは、定性的なデータを説明変数に含めて回帰分析を行う場合に、基準となる選択肢や評定を数値に置き換え、変数化すること。この分析では、基準となる「勉学ほどほどタイプ」を＝0、それ以外を○○ダミー＝1として変換して、ダミー変数としている。

xiii たとえば溝上 (2013) を参照。溝上慎一 (2013). 経験や勘からデータ重視へと教学改善を跳躍させるIR 『Between』2013年10-11月号

xiv 溝上慎一・学校法人河合塾（編）『「学校と社会をつなぐ調査」4時点目成果報告書』(2019年11月), p.19に所収。「はじめに」を参照。

xv 濱中淳子 (2013). 検証・学歴の効用 勁草書房

第2章

社会階層と教育
──生徒・学生の成長への影響を見る

知念 渉

本調査では、前章のパス解析による分析など、心理変数、活動変数を中心に分析を行ってきた。このような分析は、特に教育社会学の視点から「社会経済的地位（以下ＳＥＳと略）の影響を無視していないか」という指摘を受けることになるだろう。言い換えれば、本調査において生徒・学生の成長とされるものは教育の成果ではなく、親のＳＥＳや性別・出身地の結果ではないかという指摘である。これらの批判が出てくるのは、たとえば小中学生の学力と親のＳＥＳとの関連の強さを考えれば（松岡 2019）、当然であろう。そこで本章ではこれらの想定される批判を踏まえ、性別、地域、そして親のＳＥＳの影響を取り入れた分析を行う。これらの変数を説明変数として、「社会人３年目の資質・能力に対する規定要因」と「社会人３年目の年収に対する規定要因」の分析を行い、本調査の分析結果を教育社会学の観点から批判的に検討することが本章の目的である。

1. 出身階層・教育・到達階層の観点から考える

　まず教育社会学の観点がどのようなものかを説明しよう。一般に、近代社会になれば、親の社会的地位や経済的資源の多寡にかかわらず、人は努力によって能力を身に付けて自らの能力にふさわしい社会的地位につくことができると想定されている。だから人々は、社会的地位が低く経済的資源が乏しい状況におかれた者たちを「自己責任だ」と言ってしまえるわけである。しかし、これもまた多くの人が気づいているように、現実はそれほど単純ではない。実際には近代社会においても、どのような家庭に生まれるかによって、その人が努力できるかどうか、能力を身に付けられるかどうか、高い社会的地位につけるかどうかといった

ことが、ある程度決まってしまっている。つまり、近代社会では「その人の能力や業績によって自らの職業や生き方を自由に決めることができる」という理念が共有されながらも、実際には、「どのような家庭に生まれるかによって、将来の職業や生き方がある程度決まってしまっている」という現実があり、まったく「自己責任だ」なんて言えないわけである。もちろん、日本社会も例外ではない。これを松岡（2019）は「緩やかな身分社会」と呼んでいる。

　教育社会学では、この理念と現実との乖離を重く受け止めて、現実の社会がどの程度理念と離れているのか（あるいは近くなっているのか）を分析する試みが長年なされてきた。その際に、基本的な分析の観点となる一つが、ＯＥＤトライアングルである（**図表2-1**）。ＯＥＤトライアングルとは、**図表2-1**に示したように、本人の出自（Origin）、本人の教育成果である学歴（Education）、そして、最終的に到達した社会階層（Destination）の関連を示したものである。ポイントは2つである。一つは、その本人の出自は教育と到達階層に影響を与えているということである。もう一つは、教育成果としての学歴は当然ながら到達する社会階層に影響を与えるため、出自の効果は教育を経由（媒介）して、

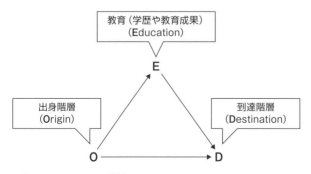

図表2-1　ＯＥＤの関連
出典：中村高康・松岡亮二（編）（2021）. 現場で使える教育社会学　ミネルヴァ書房, p.43.

本人の到達階層に影響を与えるということである。本調査の文脈に当てはめて考えると、本人の資質・能力といった教育成果が大学卒業後の職業生活（Destination）に影響を与えているとしても、そもそもその教育成果（Education）は当人の出自（Origin）に影響を受けていることが考えられる。また、その教育を媒介した効果だけでなく、出自（Origin）はより直接的に当人の到達階層（Destination）を規定している可能性だってあり得る。

　本節では、このようなOEDトライアングルの観点から、本調査の分析結果を批判的に検討したい。検討課題は2つである。一つは、社会人3年目の資質・能力が当人の出自にどの程度規定されているのかを検討することである。OからEに伸びる矢印である。もう一つの検討課題は、出自が到達階層に直接与える影響の強さと、教育を媒介して与える影響の強さを検討することである。これはすなわち、OからDに伸びる矢印とEからDに伸びる矢印の強さを検討するということである。

　なお、OEDトライアングルで想定されている出自とは、通常、親の職業を中心とした社会的地位である。しかし、日本の状況を踏まえると、性別や出身地域といった出自あるいは社会的属性を考慮することも重要である。そこで本章では、性別や出身地域といった変数も考慮しながら分析を進めていくことにしたい。

2. 社会人3年目の資質・能力は、出自に規定されているのか

　まず**第1章**でも扱われている社会人3年目の資質・能力が出自に規定されていないかを確認したい。そのことを確認するために、それと、親の学歴と世帯年収から構成されるSES指標との関連を見てみた。その

結果を示したのが**図表2-2**である。こちらに示されているように、Ｓ
ＥＳの高低にかかわらず、社会人３年目の資質・能力はおよそ３程度で
あり、大きな差は見られない。念のために一元配置分散分析を行ってみ
たが、その結果としても有意な差ではないことが確認された。つまり、
ＳＥＳが社会人３年目の資質・能力を規定しているということはないと
言える。

　ただし、そうであるからといって、親のＳＥＳが子どもの教育達成に
影響を与えていないということではない。たとえば、親のＳＥＳと子
どもの卒業した大学の入試偏差値との関係を見たものが、**図表2-3**であ
る。Ⅰが表に記載されていないのは、それを選択した者がいなかったか
らである。**図表2-3**を見ると、ＳＥＳと卒業した大学の入試偏差値が関
連しており、ＳＥＳが高い場合にはⅣおよびⅤの割合が高く、中位の場
合にはⅢ、低位の場合にはⅡの割合が相対的に高くなっていることが分
かる。なお、χ^2検定の結果は0.1％水準で有意であった。

　ここまでの結果をまとめると、資質・能力という教育成果にはその効

		親のSES		
		低	中	高
社会人3年目の資質・能力	平均値	3.002	2.991	3.038
	標準偏差	0.408	0.423	0.396

n.s.

図表2-2　社会人3年目の資質・能力と親のSESとの関係

		大学の入試偏差値				
		Ⅱ（40〜49）	Ⅲ（50〜59）	Ⅳ（60〜64）	Ⅴ（65以上）	計
親のSES	低	35.5	52.1	6.6	5.8	100.0
	中	23.5	54.6	12.7	9.2	100.0
	高	18.1	46.9	16.2	18.8	100.0

（編み掛けは、各大学の入試偏差値の中で最も高い数値）

図表2-3　卒業した大学の入試偏差値と親のSESの関係（%）

果が確認されなかったものの、最終学歴との関連は明確であったことから、OEDトライアングルのうち、O→Eの関連が部分的に確認されたと言えるだろう。

さて、ここまで見てきたように、SESは社会人3年目の資質・能力を規定しているわけではなかった。念のために、性別や出身地、大学の入試偏差値等を考慮してもなお、そのようなことが言えるかどうかを確認してみよう。社会人3年目の資質・能力を従属変数として、性別、SES、大学の入試偏差値、地域移動、そして高校2年生時点の資質・能力を独立変数として行った重回帰分析の結果である。地域移動については、「→」が移動の方向と考えてほしい。「地方→都市」は地方から都市へ移動しているパターンで、「都市→都市」は移動していないといったように、地域移動の有無を4パターンで区分した。その結果を示したものが**図表2-4**である。分析結果を見ると、有意に関連性が確認できる変

	Coef.	S.E.
切片	2.971***	0.052
性別（基準：男性）		
女性	−0.001	0.028
家庭の社会経済的地位（基準：低）		
SES中	−0.029	0.030
SES高	0.005	0.032
出身大学の入試偏差値	0.020	0.037
地域移動（基準：地方→地方）		
地方→都市	−0.001	0.037
都市→地方	0.034	0.083
都市→都市	−0.034	0.030
資質・能力（高校2年時点）	0.199***	0.083
N		947
R2		0.13
R2 Adj.		0.12
F		12.855

+p<0.1、*p<0.05、**p<0.01、***p<0.001

図表2-4　社会人3年目の資質・能力の規定要因（重回帰分析）

数は高2時点の資質・能力のみで、性別、家庭の社会経済的地位、本人の出身大学の入試偏差値、高校から大学への地域移動、いずれも社会人3年目の資質・能力に特に影響を与えていないことが分かる。つまり、社会人3年目の資質・能力は、高2時点のそれによってある程度規定されているということであり、**第1章**の溝上の分析結果とも合致するものである。

3. 資質・能力は年収に影響を与えているのか

　次に、本人の到達階層に出自が効果を与えているのかを確認したい。これを検討する際、先述したように、出自が直接的に到達階層に与える影響と、教育を媒介して間接的に与える影響とに分けることができる。ＯＥＤトライアングルのうち、Ｏ→ＤおよびＥ→Ｄの関連を確認するということである。

　本調査において、本人の到達階層を特定する変数は限られている。ここでは、年収を到達階層の指標として捉えて、年収に対する規定要因分析を行う。もちろん、年収によってその人の社会的経済的地位のすべてが決まるわけではない。どのような仕事に就いているのかといったことも関係するのだが、今回は質問項目が限定されていることに加え、分析結果をできるだけシンプルに示すことを優先し、年収を指標とすることにした。ただし、**図表2-5**に

	N	%
200万円未満	30	3.2
200〜400万円未満	593	63.6
400〜600万円未満	294	31.0
600〜800万円未満	25	2.6
800〜1000万円未満	4	0.4
1000〜1200万円未満	1	0.1

図表2-5　年収の分布

分布を示すように、本調査では年収についても200万円刻みで尋ねているために、年収といっても粗い指標になっていることには注意が必要である。なお、800万円以上のケースはかなり少ないので、600〜800万円のカテゴリーと合算し、「600万円以上」というカテゴリーにして分析を進めていく。

　では、年収と資質・能力、大学の入試偏差値、ＳＥＳとの関係を単純なクロス表から確認していく。まず年収と資質・能力の関係を見てみよう（**図表2-6**）。なお、資質・能力はもともと連続尺度であるが、クロス表で表現するために、ここでは**第1章**で溝上が使用している資質・能力の潜在クラス成長分析の結果から見出された変数を使用している。**図表2-6**を見ると、資質・能力「高」クラスにおいて「400〜600万円未満」および「600万円以上」の割合が高いことから、年収と資質・能力はある程度関係があるということが言える。つまり、資質・能力が高い層の方が社会人3年目において高い年収を得ている人が多いということである。

　次に年収と大学の入試偏差値の関係を見てみよう。**図表2-7**にその結果を示しているが、出身大学の入試偏差値が高くなるほど、年収が高い層の割合が増えていることが分かる。すなわち、年収と大学の入試偏差値の間には密接な関係があると言うことができるだろう。

　最後に年収とＳＥＳの関係を見ておこう（**図表2-8**）。両者の関係もまた、関係があることが分かる。すなわち、出身家庭のＳＥＳが高ければ本人の年収が高くなる傾向にある。

　なお、**図表2-6**から**図表2-8**のもとになったクロス表に対してはχ^2検定を行った結果、すべてにおいて5％水準で有意な偏りがあることが確認できた。

　以上の結果を踏まえると、ＯＥＤトライアングルにおけるＯ→Ｄおよ

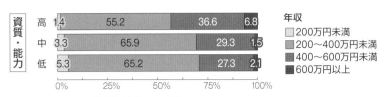

図表2-6　年収と資質・能力の関係

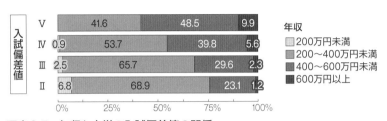

図表2-7　年収と大学の入試偏差値の関係

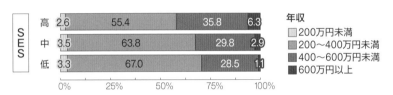

図表2-8　年収とSESの関係

びE→Dの関連性が確認できたということになる。つまり、出身家庭の
SESが高い方において社会人3年目の年収が高くなる傾向にあり（O
→D）、大学の入試偏差値や資質・能力が高い方において同様に年収が
高くなる傾向がある（E→D）ということである。このうち、大学の入
試偏差値に関しては、前節で確認したようにSESとの関連も認められ
たことから、出自（SES）は、本人の年収に対して、直接的な効果だ
けでなく、大学の入試偏差値を媒介して間接的な影響を与えていると考
えることができる。その一方で、資質・能力に関しては、出自の効果が
確認できなかったことから、出自から独立して資質・能力が年収に影響

を与えていると言えるだろう。このことは、資質・能力が「緩やかな身分社会」を変えることができる可能性を示唆しているという点で、重要な結果である。

ここまでは一つ一つの関係を取りあげて分析を行ってきた。最後に、前節で行ったように重回帰分析を行ってみよう。従属変数には年収、独立変数には、性別、ＳＥＳ、出身大学の入試偏差値、地域移動、資質・能力（社会人３年目）、雇用形態（正規職か否か）を投入する。重回帰分析の結果を示したのが、**図表2-9**である。基本的に想定通りの結果であるが、女性であることが年収を下げている一方、出身のＳＥＳが高いこと、出身大学の入試偏差値が高いこと、資質・能力が高いこと、そして、正規雇用であることが年収を高めていることが分かる。地域移動については、地方→地方（高校も大学も地方にある）の場合に比べて、高

	Coef.	S.E.
切片	91.887＊＊	31.301
性別（基準：男性）		
女性	−45.331＊＊＊	7.707
家庭の社会経済的地位（基準：低）		
SES中	0.802	8.298
SES高	18.487＊	8.813
出身大学の入試偏差値	21.761＊＊＊	4.183
地域移動（基準：地方→地方）		
地方→都市	6.445	10.120
都市→地方	13.787＋	8.255
都市→都市	45.579＊	22.981
資質・能力（社会人3年目時点）	46.741＊＊＊	8.426
雇用形態（基準：非正規）		
正規	94.611＊＊＊	15.099
N	947	
R2	0.17	
R2 Adj.	0.16	
F	21.05	

＋p＜0.1、＊p＜0.05、＊＊p＜0.01、＊＊＊p＜0.001

図表2-9　社会人3年目の年収の規定要因（重回帰分析）

校も大学も都市であった場合（都市→都市）の年収が高くなる傾向がある。

　ちなみに、高校時代に地方に住んで都市に出てきた場合と地方に居続けた場合と比べても年収に違いがない。都市から地方に出た人の場合には、地方に居続けている人よりも年収が高いということになっている。おそらく結局のところ、大学を卒業して生まれた場所に戻って職業生活を過ごしている者が多いためにこのようになっているのだと思われるが、本調査では、大学卒業後に過ごしている場所を尋ねていないので、推測することしかできない。

　男性よりも女性において年収が低く、家庭のＳＥＳが高くなると本人の年収も高くなる。また、地方よりも都市で大学を含めた学校生活を送っていると年収が高い。このような結果は、本人の出自（Origin）がいまだに重要であることを示している。日本社会は、松岡亮二が指摘するように、「緩やかな身分社会」ということなのだろう。

　ただし、ここで注目したいのは、教育成果を示す出身大学の入試偏差値および資質・能力と年収との関連についてである。**図表2-3**で示したように、出身大学の入試偏差値は家庭のＳＥＳと関連があるため、出身大学の入試偏差値が本人の年収を規定しているとすれば、それは出自（Origin）が教育（Education）を媒介して間接的に到達階層（Destination）を規定しているということを示唆している。それに対して、資質・能力は、少なくとも社会人3年目においては、家庭のＳＥＳとの関連が見られないことから、教育が到達階層に独自に影響を与え得る可能性、すなわち、「緩やかな身分社会」をわずかでも揺るがす可能性を示していると言えるだろう。ちなみに、出身大学の入試偏差値と資質・能力とでは、どちらが年収を規定する力が強いかという関心から、年収、出身大学の入試偏差値、資質・能力の尺度を標準化して**図表2-9**

と同様の重回帰分析を行なった。そうすると、年収を規定する力（係数）は、出身大学の入試偏差値と資質・能力はほぼ同程度であるということが確認できた。あくまでも統計的な推計のレベルにとどまるが、興味深い結果である。

4. 社会階層と資質・能力の関係性は

　本章での知見をまとめると、次のようになる。第一に、資質・能力とＳＥＳの関連は確認できなかった一方で、出身大学の入試偏差値とＳＥＳとの間には関連性を確認することができた。その意味で、出自は部分的に本人の教育成果に影響を与えている。第二に、ＳＥＳと出身大学の入試偏差値が本人の年収を規定していることが確認されたことから、出自は、直接的にも、また、教育を媒介して間接的にも、本人の到達階層に影響を与えていることが示唆された。これらの結果は、教育社会学において繰り返し指摘されてきたことが、改めて確認できたということになるだろう。そして、第三に、本調査の焦点となっている資質・能力は、少なくとも社会人３年目のそれに限って言うと、ＳＥＳとの関連が見られず、にもかかわらず年収に影響を与えていることから、教育が本人の到達階層に独自に（＝出自とは独立して）影響を与え得る可能性があることを示唆している。

　このように考えると、出自と到達階層の関連に着目してきた教育社会学という観点から見ても、資質・能力への着目は意義があると言うことができるだろう。ただし、ここで見出された結果は、サンプルが限定的であるということや、資質・能力の関連性が見られないといっても社会人３年目のそれであることなどを考えると、一般化には慎重であるべき

である。また、資質・能力や出身大学の入試偏差値の効果を考慮しても
なお、ＳＥＳをはじめ、性別や出身地域などの出自の効果が残っている
ことは、深刻に受け止めるべき内容とも言える。資質・能力と社会階層
の関係を捉えるためには、さらなる検証が求められるだろう。

〈参考文献〉

・松岡亮二（2019）．教育格差　筑摩書房
・中村高康・松岡亮二（編）（2021）．現場で使える教育社会学　ミネルヴァ書房

第3章

社会人3年目 インタビュー
──学びと成長のリアルに迫る

溝上 慎一

1. インタビューで振り返る10年間の学びと成長

　本調査の結果と関連させて、高校生、大学生、社会人の姿をより具体的にイメージするために、調査参加者にインタビューを行った。

（1）インタビューの概要

【方法】

・**日時**：2022年7月

・**インタビュー参加者**：以下の条件を必須あるいは参考にして候補者を抽出し、応諾した8名（男性4名、女性4名）にインタビューを行った。

　　①本調査に高校2年生から社会人3年目まで参加（必須）

　　②資質・能力のタイプ（**第1章2（1）を参照**）で"高クラス"（必須）

　　③男女の人数がいずれかに偏らないようにすること（参考）

　　④出身高校の大学進学程度（1）～（3）$_i$ が一つに偏らないようにすること（参考）

　　⑤高校2年生の「生徒タイプ」が一つに偏らないようにすること（参考）

・**手続き**：オンラインで、河合塾教育研究開発部スタッフの運営のもと、溝上がインタビューを行った。所要時間は約1時間。主な質問は以下のとおりである。

　　①組織社会化、能力向上の観点から見て、現在の職場での仕事の仕方や状況について

　　②就職活動はどのように行われたか

　　③高校2年時の生徒タイプ、学習態度やキャリア意識等、高校3年

時の大学受験・進学を振り返って

④大学１、３年時の学習態度やキャリア意識等を振り返って

【インタビューで扱われる変数】

学習態度（主体的な学習態度、AL外化）、キャリア意識（二つのライフ）の測定指標の質問や内容については、**巻末資料２**を、高校２年生の「生徒タイプ」は、**第１章２(3)**での説明を参照のこと。

【インタビュー事例のまとめかた】

インタビュー内容から本調査結果に関連する３つの観点を取り上げ、事例を紹介する形でまとめた。３つの観点は以下のとおりである。

観点１	学習態度とキャリア意識は関連している
観点２	キャリア意識は変わりにくいが、変わらないわけではない
観点３	大学教育が学びと成長の場とならず、大学教育以外の場で学びと成長の活動を求める

また、それぞれの観点は、【知見】【事例】【考察】の３つから構成される。まず【知見】では、各観点が本調査のどのような結果から示唆された知見であるかを説明する。そして【事例】では、その観点に合致するインタビュー事例の内容を紹介し、調査で扱われた変数の得点も併せて示す。最後に、【考察】では、インタビュー事例が知見とどのように関連しているかを考察する。

観点１ 学習態度とキャリア意識は関連している

【知見】

大学１年生の調査結果をまとめた『高大接続の本質[ii]』では、高校か

ら大学への移行、並びに大学生になってからの学習態度とキャリア意識は関連していることを示唆した。この関連性は、大学3年生になっても認められることを**図表3-1**に示す。

　これは、「二つのライフ（大3）」と社会人3年目の「組織社会化」「能力向上」「資質・能力」との関連を見るために行った一要因分散分析の結果である。いずれも0.1％水準で有意差が認められ、多重比較の結果、"見通しあり・理解実行"が"見通しなし"よりも得点が高いことが分かる。"見通しあり・理解不実行""見通しあり・不理解"はこれらの中間の得点である。この結果は、学習態度（主体的な学習態度・AL外化）とキャリア意識（二つのライフ）との関連を示唆するものである。

　このような学習態度とキャリア意識との関連性は他の研究でも報告されている[iii]。キャリア意識（将来の目標やビジョン）を持って学習するのか、学習しながらキャリア意識が育つのかの因果性は人それぞれであると思われるが、あくまで両変数の関連性が認められるということがこ

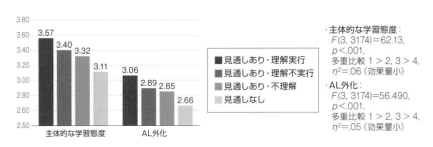

・主体的な学習態度：
$F_{(3, 3174)} = 62.13$,
$p < .001$,
多重比較 1 ＞ 2、3 ＞ 4,
$\eta^2 = .06$（効果量小）

・AL外化：
$F_{(3, 3174)} = 56.490$,
$p < .001$,
多重比較 1 ＞ 2、3 ＞ 4,
$\eta^2 = .05$（効果量小）

＊データは大学3年生調査のもの[iv]を用いている。主体的な学習態度の得点レンジは1～5点、AL外化は1～4点である。
＊分散分析（多重比較Tukey法）の結果は以下のとおりである。なお、（1）見通しあり・理解実行、（2）見通しあり・理解不実行、（3）見通しあり・不理解、（4）見通しなし、として表記している。

図表3-1　二つのライフ（大3）と主体的な学習態度・AL外化との関連（一要因分散分析）

こでの重要な知見である。

【事例】

　よく学び（＝学習態度）、将来に向けて頑張り（＝キャリア意識）、成長したＡさん、Ｂさんの事例を紹介する。学校から仕事・社会へのトランジションにはさまざまなタイプが見られるが、Ａさん、Ｂさんの事例は、トランジションを理解する上で代表的なものである。

〈Ａさんの事例〉

・女性
・県立高校卒（宮城県）
・私立大学芸術系学部卒
・現在：美術館の学芸員

・［高2］生徒タイプ	（勉学タイプ）
・［高2〜社3］資質・能力	（高クラス）
・［大1］二つのライフ	（見通しあり・理解実行）
・［大3］二つのライフ	（見通しあり・理解実行）
・［大1］主体的な学習態度[*1]	（3.67／全体平均3.34）
・［大3］主体的な学習態度[*1]	（3.67／全体平均3.36）
・［大1］AL外化[*2]	（3.00／全体平均2.77）
・［大3］AL外化[*2]	（4.00／全体平均2.87）
・［社3］組織社会化[*1]	（4.00／全体平均3.53）
・［社3］能力向上[*1]	（3.86／全体平均3.62）

*1 得点レンジ1〜5点　　*2 得点レンジ1〜4点

　Ａさんは宮城県の県立高校を卒業した女性である。高校生のときからまじめに勉強をして、将来のことを考えていた人である。将来は、与えられたものに取り組む仕事よりも、新しいものを生み出す仕事をしたいと考えていた。人の心に関心があり、はじめは臨床心理士になりたいと考えたが、自分に向いていないと思い、やがて美術を通して心の問題を勉強したいと思うようになった。絵を描いている時に心が軽くなることに興味を持ったからだ。大学は私立の芸術大学に進み、現在は美術館で

学芸員をしている。美術の楽しさを子どもたちに伝えるワークショップなどを担当している。仕事は楽しく、上司や同僚にも恵まれている。県外の美術館に行ったり陶芸家の作法を学んだりして、さらなる知見を高めている。

　調査スコアで見ると、Aさんの高校2年時の生徒タイプは"勉学タイプ"であった。大学1年生、3年生の「二つのライフ」はいずれも"見通しあり・理解実行"であり、学習力としての「主体的な学習態度」（3.67、3.67、それぞれ大学1年生・3年生の順、以下同様）、「AL外化」（3.00、4.00）も全国平均より高かった。社会人3年目の「組織社会化」（4.00）、「能力向上」（3.86）も全国平均より高い。

〈Bさんの事例〉

・男性
・県立高校卒（大分県）
・国立大学自然科学系学部卒
・現在：省庁・国家公務員（技術職）

・[高2] 生徒タイプ	（読書マンガ傾向タイプ）
・[高2〜社3] 資質・能力	（高クラス）
・[大1] 二つのライフ	（見通しあり・理解実行）
・[大3] 二つのライフ	（見通しあり・理解実行）
・[大1] 主体的な学習態度[*1]	（4.11／全体平均3.34）
・[大3] 主体的な学習態度[*1]	（4.56／全体平均3.36）
・[大1] AL外化[*2]	（3.33／全体平均2.77）
・[大3] AL外化[*2]	（4.00／全体平均2.87）
・[社3] 組織社会化[*1]	（4.63／全体平均3.53）
・[社3] 能力向上[*1]	（4.64／全体平均3.62）

*1 得点レンジ1〜5点　　*2 得点レンジ1〜4点

　Bさんは大分県の県立高校を卒業した男性である。高校のときには、好きなところは頑張るが、まじめに勉強するタイプではなかった。みんなと仲良く、対人関係良好というわけでもなかった。読書が好きで、サイエンス系の本、小説をよく読んだ。部活動（科学部）は大いに頑張り、

高校がSSH（スーパーサイエンスハイスクール）に採択され、熱心に取り組んだ。大学は国立大学の農学部に一般推薦で合格した。学力＋科学部での取り組みが評価されて合格したと思っている。大学では、アクティブラーニングの授業は結構多かった。議論はしっかり行い、発表も頑張って行った。大学を卒業して、省庁の技術職（国家公務員）として就職した。ガツガツ出世をめざして働くことはないが、頑張って働いていると思う。課長からも評価されている。

　調査スコアで見ると、Bさんの高校2年時の「生徒タイプ」は"読書マンガ傾向タイプ"であり、インタビューの内容と合致する。読書はサイエンス系の書籍や小説を好み、マンガはあまり読まなかったようである。まじめに勉強するわけではないながらも、科学部や好きな科学系の勉強は頑張ったようである。

　大学は興味のある農学部のコースに進み、大学1・3年生の「二つのライフ」はいずれも"見通しあり・理解実行"であった。学習力における「主体的な学習態度」（4.11、4.56）、「AL外化」（3.33、4.00）も全国平均より高かった。社会人3年目の「組織社会化」（4.63）、「能力向上」（4.64）も全国平均よりかなり高い。

【考察】

　Aさんは、高校生のときの生徒タイプが「勉学タイプ」であり、よく学び、将来に向けて頑張り、個人の成長を実感しているタイプであった。高校生のとき、美術への関心が将来の進路や職業につながった以降は、その目標に向かって大学でしっかり勉強に取り組み、そして就職して充実した職業生活を送っている人である。学習態度、キャリア意識、その関連性は、二つのライフや主体的な学習態度やAL外化の得点で分

かりやすく示されている。高校生のときに将来の夢がすぐ定まったわけではなく、また大学を卒業して就職するときも、すぐさま今の専門職に就いたわけではない。しかしながら、結果的には高校生のときに思い描いた美術への関心を、今の仕事につなげている。さまざまな点で、学校から仕事・社会へのトランジションを理解していく上での、代表的な学びと成長の姿を示している。

　他方でBさんは、学校生活にはどちらかと言えば不適応な側面が多かったが、部活動（科学部）の取り組みを中心にして好きな勉強を熱心に行った。大学は科学への興味を生かせる大学・学部（農学部）へ進学し、大学でも熱心に勉学に励んだ。Aさんとは生徒タイプや背景が異なるものの、学習態度とキャリア意識とを関連させて大学に入学、大学生活を過ごしたことが、二つのライフや主体的な学習態度、AL外化の得点に端的に表れている。就職活動はすべてが思うように進んだわけではなかったものの、最終的に志望する一つであった国家公務員（技術職）として省庁に採用され、高校、大学で学んだことの延長線上で仕事をすることができている。Bさんの事例も、学校から仕事・社会へのトランジションを理解していく代表的な学びと成長の姿を示していると言える。

観点2　キャリア意識は変わりにくいが、変わらないわけではない

【知見】

　大学1年時の調査結果をまとめた『高大接続の本質』において、高校2年生の「キャリア意識」から大学1年生の「二つのライフ」のパス係数は.32であった v。他の変数を統制した上でも、高校2年生から大学1年生へのキャリア意識の影響がある程度認められる数値である。高校生のときに将来のことをあまり考えなかった生徒が、大学生になって必

ずしも考えられるようになるわけではないことを実証する結果の一つである。

そして、大学4年生の調査結果をまとめた報告書[vi]からは、二つのライフ（キャリア意識）が大学1年生から4年生にかけて比較的変わりにくいこと、大学1年生で"見通しあり・理解実行""見通しなし"の学生の約半数（順に60.3%、44.7%）がそのままの状態で4年生に移行することも報告されている（**図表3-2**）。専門分野別に見ても、細かな差異はあるものの、おおむね同様の傾向が認められており、この見方に大学院進学者が多い専門学部などの影響はあまりないと考えられる。

なお、大学4年生の調査時期は11～12月であり、就職であれ大学院進学であれ、大学生活が終わろうとするこの時期においてなお、将来の見通しや理解実行が十分に持てていない大学生がこれだけいるということを、改めて確認する必要がある。

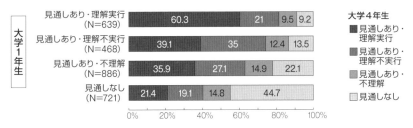

図表3-2　大学1年生と大学4年生の二つのライフの変化[vii]

【事例】

キャリア意識が変わった事例としてCさん、Dさん、Eさんの事例を紹介する。Cさん、Dさんは、見通しがなかった状態から見通しを持つ状態へと変化した事例であり、Eさんは逆に、キャリア意識を見直す事態になった事例である。

〈Cさんの事例〉

・男性
・県立高校卒（福岡県）
・私立大学社会科学系学部卒
・現在：企業（金融・保険業）

・[高2] 生徒タイプ	（部活動タイプ）
・[高2〜社3] 資質・能力	（高クラス）
・[大1] 二つのライフ	（見通しなし）
・[大3] 二つのライフ	（見通しあり・理解実行）
・[大1] 主体的な学習態度[*1]	(4.11／全体平均3.34)
・[大3] 主体的な学習態度[*1]	(3.67／全体平均3.36)
・[大1] AL外化[*2]	(2.00／全体平均2.77)
・[大3] AL外化[*2]	(4.00／全体平均2.87)
・[社3] 組織社会化[*1]	(3.88／全体平均3.53)
・[社3] 能力向上[*1]	(4.00／全体平均3.62)

*1 得点レンジ1〜5点　　*2 得点レンジ1〜4点

　Cさんは福岡県の県立高校を卒業した男性である。高校では、中学から引き続いて部活動（サッカー）に熱心に参加し、家庭学習はあまりしなかった。大学で何を学ぼう、将来何をしようということはまったく考えておらず、大学は指定校推薦で私立大学へ進学した。父親から、東京の大学で学んだ方がいいと言われており、それは実現して良かったと思う。大学ではフットサルのサークルに入った。2年生になって将来のことを考えるようになったが、それはサークルの先輩達が就職活動をするようになって、「将来のことを考えろよ」とアドバイスされたからである。アプリで調べて、M&Aのベンチャー企業が提供するインターン・プログラムに参加した。電話セールスやターゲットをリサーチする業務に就き、1日4〜5時間、週3〜4日、2年間参加した。与えられるマニュアルワークではなく考える仕事が多く、自分を成長させるのに大きく役立った。大学では、4年生のゼミ以外ではアクティブラーニングや学生参加型の授業はほとんどなかった。銀行に就職して、今は法人向けの営業を行っている。上司や職場の人たちとの人間関係は良好で、もと

もと営業をしたかったので、希望が叶って楽しく仕事をしている。ノルマもこなし、社内で表彰もされた。

　調査スコアで見ると、Ｃさんの高校２年時の「生徒タイプ」は"部活動タイプ"であった。部活動タイプは、将来のことをあまり考えていないタイプでもある。大学１年時の「二つのライフ」は"見通しなし"と、インタビュー内容と合致する。しかし、大学２年生でインターンシップを始め、大学３年時の「二つのライフ」は"見通しあり・理解実行"となっている。４年生のゼミ以外ではアクティブラーニングや学生参加型の授業はほとんどなかったということであるが、大学３年時の「主体的な学習態度」（3.67）、「AL外化」（4.00）は、全国平均より高い。そのような授業があれば、しっかり参加して取り組むタイプであっただろうと思われる。社会人３年目の「組織社会化」（3.88）、「能力向上」（4.00）も全国平均より高く、インタビュー内容と合致する。

〈Ｄさんの事例〉

・男性
・府立高校卒（大阪府）
・私立大学社会科学系学部卒
・現在：企業（情報通信業）

・[高2] 生徒タイプ	（交友通信タイプ）
・[高2〜社3] 資質・能力	（高クラス）
・[大1] 二つのライフ	（見通しあり・理解実行）
・[大3] 二つのライフ	（見通しあり・理解実行）
・[大1] 主体的な学習態度*1	(2.44／全体平均3.34)
・[大3] 主体的な学習態度*1	(3.89／全体平均3.36)
・[大1] AL外化*2	(2.33／全体平均2.77)
・[大3] AL外化*2	(4.00／全体平均2.87)
・[社3] 組織社会化*1	(4.25／全体平均3.53)
・[社3] 能力向上*1	(4.14／全体平均3.62)

*1 得点レンジ1〜5点　　*2 得点レンジ1〜4点

　Ｄさんは、大阪府の府立高校を卒業した男性である。高校では、友人

は多くいなかったものの、人とかかわるのは基本的に好きであった。勉強はほとんどせず、高校２年時の成績は学年で最下位であった。部活動を途中でやめ、（高校２年生の）調査時は全般的に自信を失くしていた。将来のことも考えていなかった。親戚の勧めで海外にホームステイをして、「海外はおもしろい。大学生になったら留学したい」という目標ができた。ここから一生懸命勉強をして、大学受験に向けて頑張った。英語は特に頑張って勉強した。

　大学１年時の授業は講義型で、アクティブラーニングはほとんどなかった。留学を目標にして日々過ごしており、アメリカのボストンの大学に９か月留学をした。しかし、留学から帰ってきた後、自分は次に何を目標にして生きていくのか、卒業後にどのような仕事をしたいのかを十分に考えていなかったことに気づいた。いろいろ考えて、ITが好きだったのでその方面での就職を考えた。情報通信業の会社に就職し、今はグループリーダーとして充実した仕事をしている。人と人との間を取り持つ、組織の最適解を見つける、こういうのは得意であり、専門以外のことでも、必要な情報を自分で積極的に取りに行っている。そのような癖は学生のときから身に付けるようにしていたので、それも役立っていると思う。

　調査スコアで見ると、Ｄさんの高校２年時の生徒タイプは“交友通信タイプ”であった。交友通信タイプは、将来のことをあまり考えていないタイプである。しかし、大学では留学を目標に頑張り、また留学から帰ってきた後も、就職に向けて将来を考えたことから、大学１年生、３年生の「二つのライフ」はいずれも“見通しあり・理解実行”となっている。インタビュー内容から、１年時の“見通しあり・理解実行”と３年時のそれとでは質的に異なることが明らかである。大学１年時の「主体的な学習態度」（2.44）、「AL外化」（2.33）は全国平均よりかなり低

く、留学するという目標に比べて、大学での授業や学習を通した成長が考えられていなかったことがうかがえる。大学3年生では、専門の授業が増えたせいか、「主体的な学習態度」(3.89)、「AL外化」(4.00)ともに、全国平均より高くなっている。社会人3年目の「組織社会化」(4.25)、「能力向上」(4.14)は全国平均よりかなり高く、充実した職業生活が得点に表れている。

〈Eさんの事例〉

・女性
・県立高校卒（島根県）
・国立大学人文科学系学部卒
・現在：教員

- ・[高2] 生徒タイプ 　　　　（勉学タイプ）
- ・[高2〜社3] 資質・能力 　（高クラス）
- ・[大1] 二つのライフ 　　　（見通しあり・理解不実行）
- ・[大3] 二つのライフ 　　　（見通しあり・理解実行）
- ・[大1] 主体的な学習態度*1（3.56／全体平均3.34）
- ・[大3] 主体的な学習態度*1（4.22／全体平均3.36）
- ・[大1] AL外化*2 　　　　　（3.67／全体平均2.77）
- ・[大3] AL外化*2 　　　　　（4.00／全体平均2.87）
- ・[社3] 組織社会化*1 　　　（4.50／全体平均3.53）
- ・[社3] 能力向上*1 　　　　（4.50／全体平均3.62）

　　　*1 得点レンジ1〜5点　　*2 得点レンジ1〜4点

　Eさんは、島根県の県立高校を卒業した女性である。高校のとき、勉強にはしっかり取り組んでいた。自己肯定感もあり、キャリア意識もあった。高校でアクティブラーニングはまったくなかった。大学生になっても、1・2年時はアクティブラーニング型の授業はなかったが、専門の授業ではあった。グループワークがあったら一生懸命取り組む方だった。しっかり考え、発表も準備して一生懸命行う。せっかく学んで成長する機会が与えられているのだから、そこは頑張って力を付けたいと思ってきた。大学を卒業して、教員になった。仕事自体には適応して

いると思うが、いろいろあって今は疲れてしまっている。転職も考えている。小学校のときから教員になりたかったので、疑いもなく教育学部に入った。教育実習で少し違うかなと思ったが、小さい頃からの夢だったので、なってからもう一度考えようと思った。自分をよく分かっていなかったかもしれない。

　調査スコアで見ると、Eさんの高校2年時の「生徒タイプ」は"勉学タイプ"であった。"勉学タイプ"の人の多くは将来の見通しを持っており、大学1年生の「二つのライフ」が"見通しなし・理解不実行"であるものの、おおむね「小学校のときから教員になりたかった」と述べたインタビュー内容と合致する。大学1年生、3年生における「主体的な学習態度」（3.56、4.22）、「AL外化」（3.67、4.00）はいずれも全国平均より高い。社会人3年目の指標である「組織社会化」（4.50）、「能力向上」（4.50）は全国平均よりもかなり高い。調査回答時は仕事が充実しており、そのような回答となっているが、その後考えることが出てきて、上述のインタビュー内容のとおり、「いろいろあって今は疲れてしまっている」となったようだ。

【考察】

　Cさんは、高校生のときに将来のことをまったく考えていなかったと述べており、それは"部活動タイプ"という生徒タイプにも表れている。部活動タイプは、将来のことをあまり考えていないタイプである。そして、大学1年時の「二つのライフ」は"見通しなし"であり、高校生から大学生までキャリア意識が低いまま、移行していることが分かる。しかしながら、大学2年時に転機が訪れる。**図表3-2**に照らせば、大学1年時に"見通しなし"の人の約半数は大学4年生まで"見通しな

し”となってしまうが、Cさんの場合、サークルの先輩からアドバイスを受け、将来のことを真剣に考えるようになった。その結果、大学3年生の「二つのライフ」は“見通しあり・理解実行”へと変化している。このように、キャリア意識は多くの人にとって変わりにくいものではあるものの、決して変わらないわけではないことが示唆される。

　もっとも、サークルの先輩からのアドバイスというのは偶発的である。Cさんは、幸運なことにこのような転機に恵まれ、偶然にもキャリア意識を上げることができた。しかし、そのような転機に恵まれず、そのまま3年生、4年生になっていた可能性も高い。本来なら、高校や大学のキャリアプログラムが、ある程度、生徒・学生のキャリア意識を促さなければ、大学生全体のキャリア意識を変えていくことはできないだろう。Cさんからは、大学のキャリア教育の取り組みやインターンシップ・プログラムの提供については、まったく話されなかったことを補足しておく。

　次にDさんは、高校生の半ばまでは将来について考えていなかったものの（生徒タイプは“交友通信タイプ”であり、これも将来のことをあまり考えていない生徒タイプである）、留学を転機に大学への進学目標ができ、大学1年生の「二つのライフ」では“見通しあり・理解実行”となっている。興味深いのは、大学1年時も3年時も「二つのライフ」は“見通しあり・理解実行”であるが、インタビューにもあるように、両者は質的に異なっている（大学1年時は留学、3年時は就職）。**図表3-2**に照らせば、大学1年時の“見通しあり・理解実行”の人の半数以上は、大学4年生になっても“見通しあり・理解実行”であるが、そしてDさんもこの傾向にのっとった結果を示しているが、2時点間のキャリア意識の内容はこれほど異なっている。「二つのライフ」のステイタスは同じであっても、質的なキャリア意識は変化していることとして理

解したい。

　最後にEさんであるが、小学生のときからの夢であった教員になることをめざして、大学の教育学部へ進学した。「教育実習で少し違うかなと思った」ものの、卒業後教員になる。はじめの3年間は充実した教員生活を送るものの、いろいろ考えることが出てきて、インタビューを行う頃には「転職も考えている」状況となっていた。Eさんは、高校、大学、仕事・社会へのトランジションは前項の観点1に近い形で実現したものの、実際に仕事を行う中で、自身に教員という職業が向いていたかを疑問視するようになり、キャリア変更を考え始める。Cさん、Dさんは、見通しがなかった状態から見通しを持つ状態へと変化したが、Eさんはその逆として、キャリア意識を見直す事態になった事例として理解される。

観点3　大学教育が学びと成長の場とならず、大学教育以外の場で学びと成長の活動を求める

【知見】

　大学は、就職予備校、あるいは就職に必要な学歴を付与する免許場くらいにしか考えていない人たちがいる。大学が自身の将来に向けた学びと成長の場であるなどとは端から期待していない。しかしそれも、大学が学生に学びや成長の機会を十分に提供していないことの表れであると理解すれば、彼らが「大学とはそういうところだ」としか言いようがないことも理解できる。このことがこれからの大学教育や社会においてどのように考えられるべきかは、【考察】で論じる。

【事例】

　インタビューでは、上位進学校の高校卒業者において、この特徴が認

められた。Fさん、Gさん、Hさんを紹介する。しかしながら、統計的には「高校の大学進学程度」がトランジションのパスモデル（**図表1-16**を参照）に影響を及ぼしていないので、他の準進学校あるいはそれ以外の高校卒業者であっても、同様の特徴を示す人は少なからずいると考えられる。

〈Fさんの事例〉

・女性
・県立高校卒（岐阜県）
・私立大学人文科学系学部卒
・現在：企業（情報通信業）

・[高2] 生徒タイプ	（勉学タイプ）	
・[高2〜社3] 資質・能力	（高クラス）	
・[大1] 二つのライフ	（見通しあり・不理解）	
・[大3] 二つのライフ	（見通しあり・不理解）	
・[大1] 主体的な学習態度*1	（3.33／全体平均3.34）	
・[大3] 主体的な学習態度*1	（3.89／全体平均3.36）	
・[大1] AL外化*2	（3.00／全体平均2.77）	
・[大3] AL外化*2	（4.00／全体平均2.87）	
・[社3] 組織社会化*1	（4.63／全体平均3.53）	
・[社3] 能力向上*1	（5.00／全体平均3.62）	

*1 得点レンジ1〜5点　　*2 得点レンジ1〜4点

　Fさんは、岐阜県の県立高校を卒業した女性である。高校からやりたいことは特になく、大学は就職予備校くらいにしか考えていなかった。大学でとてもマニアックなおもしろい授業はあったが、全体的にはアクティブラーニング型の授業はなく、ほとんどが座学の授業だった。アクティブラーニング型の授業があれば、評価が気になるので積極的に参加した。考えることや議論は大好きだった。
　大学1年生のとき、自動車の事故受付のコールセンターのアルバイトをした。社員に提出する時に「よく分からない」と言われて指導を受けた。どのようにレポートすると人に伝わるのだろうと思って、いろいろ

考えたことが良かったように思う。就職して1年目から、先輩のトラブルの尻ぬぐいをバシバシやってきた。上司に報告するときには、「自分は～と考える、上司の人はどう思いますか？」といったように報告するようにしている。上司から数字、勤務態度、仕事の進め方などを高く評価されている。自分で考える癖がついていると思う。

　調査スコアで見ると、Fさんの高校2年時の「生徒タイプ」は"勉学タイプ"であった。当時、大学に進学するという将来の見通しはあっただろうが、「やりたいことは特になく」と述べているように、大学で何を学ぶか、将来何をしたいかはあまり考えられていなかったようである。大学1年生、3年生の「二つのライフ」がいずれも"見通しあり・不理解"であり、インタビュー内容にも合致する。大学3年生の「主体的な学習態度」(3.89)、大学1年生・3年生の「AL外化」(3.00, 4.00)は全国平均より高い。大学でアクティブラーニング型の授業はほとんどなかったということであるが、求められればできるタイプである。社会人3年目の「組織社会化」(4.63)、「能力向上」(5.00)は、全国平均よりもかなり高い。

〈Gさんの事例〉

・女性
・県立高校卒（岐阜県）
・国立大学社会科学系学部卒
・現在：企業（情報通信業）

・[高2] 生徒タイプ	（勉学タイプ）
・[高2〜社3] 資質・能力	（高クラス）
・[大1] 二つのライフ	（見通しあり・不理解）
・[大3] 二つのライフ	（見通しあり・理解実行）
・[大1] 主体的な学習態度[*1]	（3.89／全体平均3.34）
・[大3] 主体的な学習態度[*1]	（3.78／全体平均3.36）
・[大1] AL外化[*2]	（3.00／全体平均2.77）
・[大3] AL外化[*2]	（4.00／全体平均2.87）
・[社3] 組織社会化[*1]	（3.50／全体平均3.53）
・[社3] 能力向上[*1]	（4.43／全体平均3.62）

*1 得点レンジ1〜5点　　*2 得点レンジ1〜4点

　Gさんは、岐阜県の県立高校を卒業した女性である。高校生のときも大学生になっても、将来したいことは特になかったが、したいことが見つかった時に、能力不足でできないということは避けたいと思い、勉強や能力向上に努めてきた。この意識は社会人になった今でもある。

　高校生のときから留学や海外に出ることへの思いがあり、大学生になって留学した（香港1年、カナダ2か月）。その後、モロッコでのインターンシップ・プログラムにも2か月間参加して、現地法人の農業資材の営業アシスタントをした。日本でも企業のインターンシップ・プログラムに3か月半参加して、営業を手伝った。

　コンサルティングに興味を持つようになり、自分が行きたいとある程度思っている企業に就職できた。職場の同僚、上司とはうまく仕事をしており、日常業務もしっかりできていると思う。ジュニアスタッフとして、プレゼンの資料を作ったりしている。お客様とのコンサルについてはもっと経験を積まなければならない。ロールモデルのような憧れの先輩はいないが、先輩たちのすごいところを部分的に学んで、自身を成長

させていきたいと思っている。

　調査スコアで見ると、Gさんの高校2年時の「生徒タイプ」は"勉学タイプ"であった。Fさんと同様、大学に進学する程度の将来の見通しはあっただろうが、高校でも大学でも「将来したいことは特になかった」と述べるように、大学で何を学ぶか、将来何をしたいかはあまり考えられていなかったようである。大学1年生の「二つのライフ」は"将来の見通しあり・不理解"であり、インタビュー内容にも合致する。しかしながら、将来したいことが見つかった時に困らないように、学習やいろいろな経験を積むことに余念がない。大学1年生、3年生の「主体的な学習態度」（3.89、3.78）、「AL外化」（3.00、4.00）は全国平均に比べて得点は高い。海外留学やインターンシップ・プログラムへの参加を通して、コンサルティングの仕事に就きたいとも思うようになり、大学3年生の「二つのライフ」は"見通しあり・理解実行"へと変化している。希望通りの職務に就け、職場で与えられることはしっかり取り組めているとインタビューでは答えたが、社会人3年目の「組織社会化」は3.50と全国平均より低い。他方で、「能力向上」は4.43と全国平均よりも高い。

〈Hさんの事例〉

・男性
・県立高校卒（埼玉県）
・国立大学社会科学系学部卒
・現在：企業（金融・保険業）

・［高2］生徒タイプ	（勉学ほどほどタイプ）
・［高2〜社3］資質・能力	（高クラス）
・［大1］二つのライフ	（見通しあり・理解実行）
・［大3］二つのライフ	（見通しあり・理解実行）
・［大1］主体的な学習態度[*1]	（2.78／全体平均3.34）
・［大3］主体的な学習態度[*1]	（4.33／全体平均3.36）
・［大1］AL外化[*2]	（4.00／全体平均2.77）
・［大3］AL外化[*2]	（4.00／全体平均2.87）
・［社3］組織社会化[*1]	（5.00／全体平均3.53）
・［社3］能力向上[*1]	（5.00／全体平均3.62）

*1 得点レンジ1〜5点　　*2 得点レンジ1〜4点

　Hさんは埼玉県の県立高校を卒業した男性である。高校生、大学生のときには、クラブ活動（高校では英語部、大学ではESS）に一生懸命取り組んだ。論理的思考、分析力はここで身に付けた。高校のときはあまり勉強しなかったので、大学受験には苦労した。将来のことはあまり考えていなかった。大学でもあまり勉強はしなかったが、学部横断のアクティブラーニング型授業には積極的に参加した。自分の考えを作り、他者に伝える、発信するのは大好きだった。学部の授業は座学中心だった。

　銀行に就職した。営業に配属され苦労した。営業では、商品の説明よりもどれだけ相手と気持ちが通じるか、非ロジカルなことがものをいい、それが最初うまくできなかった。しかし、どういうふうに上司やお客様と接すればいいかをロジカルに分析した結果、大きな声で挨拶する、飲み会で上司に酒をつぎに行くなどをすればいいと分かった。対人関係力はさほど高い方ではないが、論理的思考・分析は強いので、非ロジカルなことでもロジカルに対応すればいいと思って取り組んでいる。その結果、相手の話を聴く、相手の話を聞き出すというコミュニケー

ション力もスキルアップしてきたように思う。

　調査スコアで見ると、Hさんの高校2年時の「生徒タイプ」は"勉学ほどほどタイプ"であった。この生徒タイプは他の生徒タイプに比べれば、一定程度家庭学習を行い、将来のことも考えているタイプであるが、インタビューでは「高校のときはあまり勉強しなかった」「将来のことはあまり考えていなかった」と述べており、インタビュー内容と合致しない。「大学でもあまり勉強はしなかった」と述べている反面、「学部横断のアクティブラーニング型授業には積極的に参加した」と述べており、これらは大学1年時の「主体的な学習態度」(2.78) が全国平均より低く、「AL外化」(4.00) が全国平均より高いことに表れていると考えられる。大学生のときに将来をどのように考えていたかは尋ねてもはっきり返されなかったが、大学1年生、3年生の「二つのライフ」はいずれも"見通しあり・理解実行"である。社会人3年目の「組織社会化」(5.00)、「能力向上」(5.00) は満点であり、インタビュー内容に合致する。

【考察】

　本プロジェクトでは、仕事・社会に向けた高校・大学での学びと成長について検討している。しかしながら、大学のことで言えば、Fさんはアルバイト、Gさんは海外留学、Hさんはクラブ活動と、3人は主に大学の提供する正課教育 (それに準ずるプログラムを含む) 以外の場で学び成長した人たちである。Fさん、Hさんは考えること、議論することは大好きだったとインタビューで述べた。大学でアクティブラーニング型授業がまったく提供されなかったわけではないながらも、124単位もの長い教育時間を4年間提供する大学教育で、座学中心の教育は彼らの

学びと成長にどの程度役立っただろうかと疑問に感じる。

　クラブ・サークルなどの正課外活動、アルバイトなどの大学教育以外の場での活動を否定しているわけではない。むしろ、さまざまな人たちとさまざまな活動を共にすることは、人間を大きく成長させる上で重要なことである。大学教育だけで十分だと言えるわけではない。しかしながら、資質・能力が高い彼らをもっと学び成長させるためには、大学教育以外の経験的な活動だけでなく、概念的・抽象的な知識や問題解決の機会を与える大学教育の中での学びが必要である。

　特に、BtoBで法人向けの営業やコンサルティングをしているF、G、Hさんの職務は、たとえHさんのような営業スキルが経験的に求められることがあるとしても、仕事の多くは非常に概念的・抽象的な知識や世界観の中で営まれている。情報収集や分析、議論やプレゼンといった作業は彼らにとって日常的であり、それは大学のアクティブラーニングで一般的に教育・指導されるものでもある。必ずしもアルバイトやクラブ・サークルの活動で身に付くものではない。また、サービス業を始めとするBtoCの職務でも、30代や40代になって、主任や課長職などの中間管理職になってくると、職務の中心はプロジェクトを推進する立場となり、社会の中での商品の位置づけや価値、売れればそれでいいのか、お客様とはどういう存在なのかなど、職務の質はかなり概念的・抽象的になってくる。

　大学教育だけでそのような知識・情報操作の能力や態度を育てられるわけではないが、それでも一般的には、それはクラブ・サークルやアルバイトによって育てられるものではないだろう。Fさんは、アルバイトを通してレポートの仕方を厳しく指導されて、それが成長につながったと述べた。それはきわめて例外的な事例であり、もともと資質・能力が高いFさんだからこそ、そのようなアルバイトを選び成長ができたのだ

とも考えられる。多くの大学生にそのような教育や指導は、基本的に大学教育を通してなされなければならないのではないだろうか。

2. Q&Aで解説 ― 学びと成長のリアル

本節では、本調査の結果に対してよく受ける質問をYes、Noの形式で答えて、調査結果をよりリアルに理解することにつなげる。

> **問1　入学した大学の入試偏差値が高ければトランジションは成功するか**
>
> → **回答　[Yes & No]**

トランジションの成功を、**図表1-16**で示した、社会人3年目の評価指標「組織社会化」「能力向上」「資質・能力」に影響を及ぼすトランジションモデルで考えるならば、大学の入試偏差値は**図表1-16**のモデルに組み込むほどの影響はないと判断され、その意味において問1への回答は基本的に**No**ということになる。

しかしながら、**第1章のまとめ**で示したように、トランジションの成功は、高校から大学への移行期、その後大学生になってからの前半期、後半期、といったように、節目節目の時期に学習態度やキャリア等を再構築する、すなわち「間接効果」を積み重ねていく構造で理解されるものである。その上で、**図表1-16**で、高校2年生から大学1年生への移行において有意なパスを見せている「勉学タイプダミー（高2）」が、「高校の大学進学程度」の高い高校の生徒に多く認められることを考慮する必要がある viii。**巻末資料2**に示すように、「高校の大学進学程

度」というのは、(3) 難関国公立大・私立大に多数進学、(2) 中堅国公立大・私立大に多数進学、(1) その他の私立大・短大に多数進学、といった形で得点化されている変数であり、得点が高いほどより上位の進学校ということになる。また、「高校の大学進学程度（高2）」から「資質・能力（社3）」に直接的なパス（.05）も認められており（**図表1-17**）、より高い入試偏差値の大学をめざす進学校の生徒であることが、トランジション・プロセスに、大きくはないながらも直接的・間接的に影響を及ぼしていることとして理解される。以上を踏まえて、問1への回答はYes ＆ Noとなる。

問2　大学生から学び直してトランジションを成功させることができるか

└▶ 回答　[Yes]

　問1への回答でも述べたように、トランジションモデルにおける成功は、高校生から大学生、社会人にかけての節目節目の間接効果を積み重ねることで理解されるものである。その意味では、先の状態が後の状態に影響を及ぼしているとは言え、それが後の状態を変えられないとまで言えるものではない。

　図表1-16のトランジションモデルにおいて、社会人3年目に直接的な影響を及ぼしている変数は「AL外化（大3）」であった。そして、「AL外化（大3）」は「AL外化（大1）」からの影響が大きいとは言え（パス係数.39）、可変性を十分認めることができる程度の値であると考察された（**第1章2(3)** を参照）。たとえば、インタビュー事例のCさん、Dさんは、高校生のときにはあまり勉強もせず、キャリア意識も低かった人である。しかし、大学生の後半になって「AL外化（大3）」を

高く持つようになり、トランジションを成功させ、充実した社会人3年目を迎えていた。

問3　トランジションの成功にキャリア意識は必要か

→ 回答　[Yes & No]

　トランジションモデル(**図表1-16**)において、キャリア意識としての「二つのライフ(大3)」は社会人3年目の評価指標「組織社会化」「能力向上」「資質・能力」に大きな影響を及ぼしてはいなかった(パス係数は能力向上に.07、資質・能力に.08、**図表1-17**を参照)。大きな影響を及ぼしていたのは「AL外化(大3)」であった。この意味において、問3への回答はまずNoとなる。

　しかしながら、同じ時期(たとえば大学1年生、あるいは3年生)の中で学習態度とキャリア意識との関連を見ると、観点1で示したように、両者の一定程度の関連が認められる。両者の関連は、高校2年生でも認められている[ix]。社会人3年目に設定した「組織社会化」「能力向上」「資質・能力」の評価指標に、学習態度とキャリア意識のどちらがより大きな影響を及ぼしているかと問われれば、両変数の関連を統制した上で、実質的な影響を及ぼしていたのは学習(AL外化)であるという回答になる。しかし、そのことは主体的な学習態度なども含めて、学習だけでトランジションを実現させることを示唆するものではない。教育実践的には、キャリア意識も育てながら、学習態度(主体的な学習態度やAL外化等)を育てていくことが重要であろうと示唆される。

　本トランジションモデルが、いわゆる初期キャリア(社会人3年目)までのモデルであることにも留意しなければならない。初期キャリアの職務というのは、言わば職場で課せられる課題や対人関係に適応するこ

とであり（＝組織社会化）、そのような観点で本トランジションモデルの結果を見れば、「AL外化（大3）」が最も影響を及ぼしていたことは妥当であると考えられる。しかし、この後20代後半、30代、40代、さらには人生100年時代の長い人生を生きていくのである。その中で、自分がどのようなライフ（仕事や社会生活など）を充実させていきたいのかというキャリア意識なしに、大学生で言うところの高い学習態度だけで長い人生を力強く歩んでいけるとは到底考えられない。大学生でさえ、なぜ勉強するかという問いに答えるためにキャリア意識が必要なのである。観点1はそのようなことを表したものだと筆者は考えている。この考えが間違っていなければ、長い人生におけるキャリア意識の重要性はもっと叫ばれてもいいだろう。今後、成人期中期以降の調査データを収集して、検討していかなければならない課題としておく。総じて、問3への回答はYes＆Noとなる。

問4　高校生から社会人にかけて人はもう変われないのか

→ 回答　［Yes＆No］

　高校2年生から社会人3年目にかけての資質・能力の経年的変化の分析において（**図表1-10**）、統計的にクラス移動が認められない結果を見た。言い換えれば、低クラスから中クラス・高クラスへ、中クラスから高クラス・低クラスへと変化するような結果が統計的に認められなかったのである。この結果は、高校・大学等の教育関係者にかなりの衝撃を与え、「それではもう教育をいくら頑張っても、学生を育てることができないですね」といったような誤解を促してしまっている。

　まず、人は、大学生の年齢期になって、それまでできなかったこと、取り組んでこなかったことをゼロベースでできる、取り組めるようにな

るわけではないことを確認する必要がある。社会人基礎力やコンピテンシーなど、現代社会を力強く生きていく上で、知識だけでなく能力や態度も、政府の用語を用いれば、資質・能力が求められるようになったと言っても、その資質・能力は誕生以来のさまざまな課題への取り組み、他者や集団の中での行動や振る舞いを基礎として発達させてきたものである。誕生以来18年、20年も積み上げてきた資質・能力であるから、高中低クラスの移動が見られない、という本調査の結果は発達的に見て妥当な結果だと言える。

　しかし、このことは人が必ずしも変化しないことを意味するものではない。たとえば、大学4年時の報告書[x]では、高校2年生から大学4年生にかけて、各クラスの中で傾きはプラスで統計的に有意であったことが示されている。つまり、高校2年生から大学4年生にかけて各資質・能力の得点の上昇が認められるという結果である。クラス移動が見られない変化のしにくさを、人の誕生以来の「発達（development）」あるいは「成熟的発達（matured development）」と見なすならば、得点の上昇という意味での人の資質・能力の変化を人の「成長（growth）」[xi]と見なすことができる。社会的には、中クラスの人は中クラスのままで

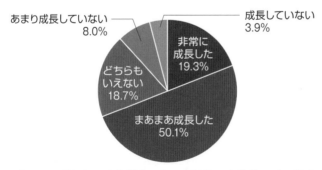

図表3-3　「あなたは大学生になって以降、全体的にどの程度成長したと感じますか。」（大学3・4年生対象）[xii]

あっても、その中クラスの中で自身の資質・能力が向上していれば、それでいいのではないだろうか。

　本プロジェクトで叫び続けてきた「学生の学びと成長 (student learning and growth)xiii」は、客観的にある資質・能力がどれだけ向上したかということよりも、個人が学び成長していると実感して、一歩でも二歩でも上のレベルをめざして努力するようになることだと筆者は考えている。大学3・4年生を対象にして、「あなたは大学生になって以降、全体的にどの程度成長したと感じますか。」という質問をしたある調査結果を見ると、"非常に成長した"（19.3%）、"まあまあ成長した"（50.1%）と、約7割の大学生が成長を実感していることが分かる（**図表3-3**）。

　筆者はこのような意味での「成長 (growth)」が、特に高校や大学、社会での成長論には重要なのだと考えるのである。なお、成長に関連する用語として、他にも（自己）「変容 (transformation)」があるxiv。最終的には定義次第であるが、生物の変態（たとえば幼虫からさなぎ、成虫など）に当てられる用語でもあることを考えれば、変容は質的に姿を変えるほどの大きな成長的移行を表す言葉とも言える。トランジション論としては、このような用語を用いて論に厚みをもたせることも重要であると考えられる。今後の課題として取り組んでいきたい。

---

i　巻末資料2を参照。

ii　溝上慎一（責任編集）京都大学高等教育研究開発推進センター・河合塾（編）(2018). 高大接続の本質——「学校と社会をつなぐ調査」から見えてきた課題——　学事出版を参照。

iii　たとえば、梅崎・田澤 (2013) では、キャリア意識（アクション・ビジョン）と学業成績との関連を示している (pp.32-33)。他にも畑野 (2013) を参照。梅崎修・田澤実（編）(2013). 大学生の学びとキャリア——入学前から卒業後までの継続調査の分析——　法政大学出版局、畑野快 (2013). 大学生の自律的な学習動機づけの検討: 学習・キャリアの変数との関わりから　青年心理学研究, 24 (2), pp.137-148.

iv 大学3年生の調査結果をまとめた報告書は、河合塾グループサイトに所収。「はじめに」を参照。

v 溝上（責任編集）（2018）、図表2-8（p.79）を参照。

vi 溝上慎一・学校法人河合塾（編）『「学校と社会をつなぐ調査」4時点目成果報告書』（2019年11月）。河合塾グループサイトに所収。「はじめに」を参照。

vii 同報告書、p.21より作成。

viii 溝上慎一（責任編集）京都大学高等教育研究開発推進センター・河合塾（編）（2015）. どんな高校生が大学、社会で成長するのか——「学校と社会をつなぐ調査」からわかった伸びる高校生のタイプ—— 学事出版、pp.26-27を参照。

ix 溝上（責任編集）（2015）、p.30を参照。

x 溝上慎一・学校法人河合塾（編）『「学校と社会をつなぐ調査」4時点目成果報告書』（2019年11月）。「はじめに」を参照。

xi 「成長（growth）」は、デューイ（2004）が彼の教育哲学の中でよく用いた言葉である。デューイ, J.（著）市村尚久（訳）（2004）. 経験と教育　講談社

xii Webサイト「溝上慎一の教育論」>「（データ）大学生の学びと成長をパーソナリティ特性から見る（その2）」で用いたデータを使用。2019年8月にMACROMILLというリサーチ会社を用いて実施したオンライン調査。大学生3・4年生を対象に、『平成30年度学校基本調査』から大学生の男女比率をそれぞれ54.9%、45.1%として条件とし、計2,062名の大学生が調査に参加した。同一回答を重ねるなど不適切な回答を67名分除外して、計1,995名（男性1,077名、女性918名）を分析対象とした。平均年齢は21.62歳（S.D.=1.86）であった。http://smizok.net/education/index.html

xiii Valsinerら（2003）は、developmentの辞書的な意味には、①生じること、②単純から複雑へ進歩すること、③あるテーマをつくりあげること、④開くこと、⑤より発展した状態へと移行すること、があると紹介している。筆者は、このような意味でのdevelopmentを「成長」と訳して、これまで「学生の学びと成長（student learning and development）」と説いてきたが、本調査の結果を受けて、「成熟的発達」としてのdevelopmentとの違いを明確化することがきわめて重要であると考えるようになった。こうして、「成長（growth）」を用いていこうと考えた次第である。なお、このような意味での「成長（growth）」を用いている研究に、デューイ（2004）やマズロー（1979）もある。Valsiner, J., & Connolly, K. J. (2003). The nature of development: The continuing dialogue of processes and outcomes. In J. Valsiner,& K. J. Connolly (Eds.), *Handbook of developmental psychology*. London: Sage. pp.ix-xviii. 、デューイ, J.（著）市村尚久（訳）（2004）. 経験と教育　講談社、マズロー, A.H.（著）上田吉一（訳）（1979）. 完全なる人間——魂のめざすもの—— 誠信書房

xiv ドイツ教育哲学の人間形成（Bildung）論の中で「変容」が用いられている（コラー, 2018; 鳥光, 2018）。コラー, H.-C.（著）鳥光美緒子（訳）（2018）. 変容過程としての人間形成　教育学論集　中央大学教育学研究会, 60, pp.205-232、鳥光美緒子（2018）. 成長するとはどういうことか——事例にもとづいて考える—— 教育哲学研究, 117, pp.80-95.

バーチャルは学びと成長のための空間的拡張になるか
溝上 慎一

　本調査の結果から、キャリア意識（二つのライフ）が高校生、大学生の学びと成長に重要であると示唆した（詳細は**第1章**を参照）。二つのライフは、将来の見通しとその見通しの実現に向けた行動を測定する指標であるが、言い換えればそれは、今ここの日常生活の満足を超えて、時間的に、空間的に自身（自己）の世界を拡げていこうとする態度や意欲を表す指標ともなっている。私は、キャリア意識が学生や人の学びと成長に資するのは、理論的にこの時間的・空間的拡張にあると考えているi。

　このような話をして、最終調査報告会＆シンポジウムの会場参加者から「オンライン授業や学習などのバーチャル空間も、学びと成長に資する空間的拡張になるか」という質問をいただいた。これは、社会におけるメタバースも含めたオンラインプラットフォームやAI、IoT、AR・VR・XR技術を用いたバーチャル空間が急速に発展する中で、最先端の研究課題であり、必ずしも十分な学術的議論やデータを踏まえられるわけではないが、限られたこれまでの知見から筆者の考えを以下のように述べる。

　バーチャル空間が、学びのための空間的拡張になることは疑いようがないことと思われる。対面空間では出会えない専門家から最先端の話を聴くことができ、英語ができれば、海外の国際機関や大学等が提供するシンポジウム・セミナー、授業にも参加することができる。もちろん、オンライン上には最新の論文や資料・データ等が常に更新されており、いつでもどこからでもそれらにアクセスすることができる。

　かつて、大学は最先端の研究知見を提供する場だと言われていた。しかし、今、大学は大学だけで、必ずしも最先端の研究知見を生み出していないという事情も、この問題を理解する上で重要な知識である。企業や行政等の研究所・シンクタンク

の最先端の研究知見は大学に並ぶ、テーマによっては大学を超えるレベルで生み出されている。大学の研究者も彼らに学び、共同研究や共同プロジェクトを行い、活動を行っている。学習者が最先端の研究知見を学ぶ場は、もはや大学であるとは必ずしも言えず、ましてや、大学や大学院の教育カリキュラムの中にほとんどないこともまれではない。意欲と情報リテラシー、語学力等があれば、バーチャル空間での学びの可能性は無限大である。もちろん、この意欲等の条件の個人差がすさまじいので、バーチャル空間の学びの本格化は、相当な学習の個人差を生み出していくに違いない。

　他方で、バーチャル空間が学習者の成長という観点から、対面空間と同じレベルの空間的拡張になるかは、はなはだ疑問である。対面では得られない情報や知識を得られるという点では、上記の意欲等の条件が備わっている限りにおいて、対面以上のものになるはずである。しかしながら、その学びを成長につなげられるかは、学習者の資質・能力に相当依存するように思われる。

　意欲や能力・態度というのは、他者からの評価や励ましなど、学術的には社会的フィードバックと呼ばれる情報を受けて、育っていくものと考えられている。つまり、自身（自己）の資質・能力の源泉は、他者との関係性に相当依存している。極論としては、他者との関係性なしで自己の成長や発展は無いとさえ言えるほどである[ii]。その他者との関係性を対面空間である程度構築しており、その資質・能力を前提とした上での空間的拡張であるならば、バーチャル空間での学びは成長につながるだろうと考えられる。

　なぜ他者との関係性がこれほどまでに大きな意味を持つのかと言えば、それは身体性の問題が絡むからである。対面空間では、人は身体を媒介として他者から見られ、結果、見る－見られるの自己・他者の社会的空間を作り上げる。これが身体性の問題である。良くも悪くも他者が自身をどのように見るか、評価するかを、人は相当気にするのであり、他者の意図や思惑を精いっぱい想像しながら、社会的生活を営む。その過程で、自身（自己）の意欲や能力・態度を形成するのである[iii]。それが人の成長や発達というものである。

　身体性があまり問われないバーチャルな空間では、他者はいても、自身（自己）

が見られるという感覚が弱い。顔が映る画面を消したりウェビナー配信であったりすれば、自身が見られる感覚は皆無である。アバターで参加する場合には、自身が見てもらいたい、あるいは傷つかないようなアバターを作って参加するわけであるから、自身の身体性が問題になることもない。結果、このようなバーチャル空間において、情報や知識を得ることはできても、そこから意欲や能力・態度といった資質・能力を育てることにはほとんどならない。これまでの理論や知見からは、今のところ以上のように説明される。

i　溝上 (2020) の第2章「現代社会で求められる拡張的パーソナリティ」で、生徒・学生の学びと成長における時間・空間の拡張について、パーソナリティの観点から論じている。併せて参照してほしい。溝上慎一 (2020)．社会に生きる個性──自己と他者・拡張的パーソナリティ・エージェンシー──　東信堂

ii　溝上慎一 (2008)．自己形成の心理学──他者の森をかけ抜けて自己になる──　世界思想社

iii　溝上 (2008) 以外に、クーリー (Cooley, 1902) の鏡映的自己、ミード (1995) のシンボリック相互作用、乳幼児の心の理論の発達 (子安・郷式, 2016) などを参照。Cooley, C. H. (1902). *Human nature and the social order*. New York: Schocken Books.、ミード, G. H.（著）河村望（訳）(1995)．精神・自我・社会　人間の科学社、子安増生・郷式徹（編）(2016)．心の理論──第2世代の研究へ──　新曜社

第4章

社会的格差の視点から言えること

中村 高康

ディスカッション

社会的格差の影響を超えて、資質・能力を伸ばすために

私の専攻である教育社会学は、社会の観点から教育を俯瞰して見るところに特徴のある分野です。溝上先生が実践家として成果を上げられているとすると、それを遠目から見て「どうなんだろう」と考えるのが得意な分野であるとご理解ください。なかでも、私自身は「社会階層と教育」をテーマの一つとして研究しておりますので、その観点からコメントいたします。

1. 学校と社会をつなぐ調査の特徴と課題

　本調査は、非常に長期にわたる継続調査であり、これを実施して分析する局面まで持ってこられたことに、まずは敬意を表したいと思います。同じ対象を継続して調査する方法を「パネル調査」と呼びますが、近年の人文・社会科学系のデータ分析では主流になっており、たいへん貴重な調査研究と言えるでしょう。私もパネル調査を何本か経験していますが、継続することだけで労力を消耗してしまう大変な調査です。

　また、本調査は、生徒・学生が移行に応じてどう成長していくのか、成長の軌跡を描こうという意図が明確です。心理学者である溝上先生のご専門の知見、特徴が非常によく表れた分析になっています。

　近年の社会学では「因果推論」という言葉が注目されていますが、原因と結果というのは、実は特定するのが難しいという問題があります。関係がありそうな2つの現象を1回の調査で同時に測定すると、どちらが原因で、どちらが結果なのかが、厳密にはよく分からないということです。そこで、時点を変えてデータを取ると、より良く因果が推測できます。パネル調査のデータ分析でも、そういう技法が発達して、よく使われています。

しかし、それらは、成長の軌跡を描くという溝上先生の目的とは、少し違うものです。因果関係を科学的により厳密に見ていくことも大事な視点ですが、複数時点で同じ人からデータをとったら、普通はどのように変化したかを知りたくなりますよね。パネル調査の使い方としては、今回の分析のように、成長の軌跡がどう違ってくるのか、どういうパターンがあるのかを見ていくのが王道だと私は思っていましたので、非常におもしろく拝見いたしました。

　ただし、溝上先生の調査に対しては「社会科学的な視点の弱さ」ということが、以下のように時々指摘されています。

> 　まず、そのような主張（引用者注：高校のアクティブラーニングを通じて大学入学後の主体的態度を高めるべき）を行うためには、高校時代の資質・能力が学校教育、しかもアクティブラーニング型の教育活動を通じて高まったことを実証しなければなりませんし、ほかの影響や要因、たとえば、高校時代の資質・能力も大学入学後の学習意欲・態度も、出身階層（家庭環境）を交絡因子（いわゆる“第三の変数”）とした疑似相関の可能性を含めて考える必要があります。…（中略）…さまざまな要因や解釈の可能性があるにも関わらず、現状の問題の原因を学校教育の〈不十分〉に帰し、その〈変革〉を通じて、〈改善〉を図ろうとする氏の提言は果たして妥当なのか疑問です。
>
> 小針・井上（2021）．p.155.

　かなり厳しい口調ですが、溝上先生をやりこめようと思って、この主張を引いてきたわけではありません。「出身階層（家庭環境）を交絡因子とした疑似相関の可能性も含めて考える必要がある」と指摘しているところが重要です。

　つまり、家庭環境が高校での学びに影響を与え、家庭環境が大学での

学びに影響を与え、家庭環境が社会人としてのスキルにも影響を与えているとすると、高校での学び、大学での学び、社会人としてのスキルの3つの間に因果関係がなくても、データとしては単純な相関が出てくるということです。もちろん、溝上先生も、そういう変数を調査に組み込んで、防衛されていると理解はしています。しかし、教育社会学者としては、こういうテーマで議論を進める場合には、学習指導要領に示されるような資質・能力が、社会階層を代表例とする社会的格差といかにかかわるのかという論点は、避けて通れない課題ではないかと考えるわけです。

2. 社会的格差との関連を3つのポイントで検討

その観点で今回の最終成果報告書を読んでいくと、このような分析がありました。

> 高校時の日々の過ごし方（生徒タイプ）や大学時のキャリア意識（二つのライフ）が社会人の「組織社会化」「能力向上」「資質・能力」と関連することは認められたが、「社会経済的地位」「入学した大学の偏差値」の属性変数とは関連していなかった。

これは、社会人の3つの評価指標には、社会的格差との関連は見られなかったという結果にも読み取れます。これが本当なら、発見的だと言えます。それゆえに、そこは厳しく吟味すべきポイントでもあろうと思われます。この問題に対して、次の3つのチェックポイントに絞って、検討していきます。

① サンプルのバイアスの問題

② 評価指標の問題

③ 間接効果の問題

　まず、①サンプルのバイアスの問題。これはサンプリングしたときの誤差で「得られたデータが本来の分布と比べると偏ってしまう」とか、あるいはパネル調査の場合は最初に回答してくれた人が「かなり脱落してしまって偏ってしまう」という問題です。

　母集団は、大学進学率が７〜８割程度の1,500校に依頼されています。最初の計画サンプルでは165,687名が対象になっていて、そのうち、高校２年生の段階で調査を受けたのが45,311名。最終調査まで残った方々が1,486名で、それが社会人のサンプルなので、当初のサンプルの3.3％になっています。もう少し厳しい見方をすると、高校２年生の有効回収率が、先ほどの165,687名から45,311名に減っていますから、27.3％。最初の計画サンプル165,687名から最終調査まで残ったサンプルが1,486名ですので、私の計算が間違っていなければそれは計画サンプルの0.9％になります。逆に言えば99パーセントが抜け落ちているわけです。このデータの解釈は、慎重になるべきだという指摘は、科学的なロジックとしては成立するのではないでしょうか。ただし、一つだけ付け加えておくと、回収が少ないからといって、歪んでいると断定できるわけではありません。しかし、回収率が低いデータでは、しばしばそういう歪みが生じるので、気をつけなければならないということは理解しておくべきです。

　もう一つ、当初のサンプルが大学進学者の多い高校に限定されている点にも注意が必要です。これは、社会的格差の影響が過小評価される可能性があるということです。高校の大学進学率の状況は社会階層との関

連があるということが、長年の教育社会学の研究で繰り返し確認されています。したがって、進学率の低い高校がごっそり抜けてしまうと、社会階層の分散の幅が小さくなるわけです。そうすると、データ分析では社会階層の影響が出にくくなることが予想されます。

次に、②評価指標の問題です。評価指標には、資質・能力の18項目、主体的学習態度9項目、組織社会化や能力向上など、いろいろな変数があります。それらが合成されて指標として使われているのですが、「まじめ度」や「学校適応度」のような、ある種の性格特性を取り出した指標になっていないでしょうか。

従来から、成績や通っている学校の学力レベル、社会階層という構造的要因は明確にリンクしていて、まじめ度や反学校的な態度もそれに対応して、学校の社会構造に相関していると言われていました。しかし、尾嶋・荒牧編 (2018) によると、幅広い層で、まじめに学校に行ったり遅刻しないようにしたりといった「まじめ度」が全体的にデータとして出てくるようになったとされています。これは、30年間同じ学校を1981年、1997年、2011年の3時点で追跡している非常に貴重な研究です。本調査でも、もしかしたら、構造的要因の反応が弱くなっている「まじめ度」のような指標が取り出されたということはないでしょうか。

また、先ほどの合成変数には、いろいろな要素が合わさって使われていますので、もしかしたら、ある質問項目では格差に反応しやすい要素があっても、他の要素が入ることで、その影響が薄まるということがあるかもしれません。そのようなことにも気を付けながら、この格差と学びの問題を見ていく必要があるのではないでしょうか。

最後に、③間接効果の問題についてです。最終的な社会人の評価指標に対して、調査や分析のやり方を変えたら、高校から大学、社会人への資質・能力の成長継続という傾向はすべて社会的格差の疑似相関でし

た、という結論を期待するのは、批判的に過ぎるとは思います。

　ただ、高校2年時の段階での初期値に社会的格差が現れていて、その後、今回の分析結果のように、ずっと同じパターンで3つの層に分かれて並行して推移するならば、初期値の格差は、最終調査の格差にはデータとして、はっきり出にくくなっているはずです。最初の格差で分かれているのであれば、そこは重要だという意識を持ってもいいのではないでしょうか。

　あと、間接効果というのは、AがBに影響し、BがCに影響するという形で、トータルではAがCに影響するという形の効果です。あくまで間接ですので、あまり強調して「格差」と言うのは言い過ぎかもしれませんが、気になったところではあります。先ほどの教育社会学の視点からの分析（**第2章**に相当）で、社会人3年目の資質・能力に対してＳＥＳ（社会経済的地位）の直接効果はなかったわけですが、高校2年生の時点で効果があった可能性はあります。そうであるならば間接効果も考えることができます。これまでの書籍でも触れられていますが、高校2年生の大学進学程度や勉学タイプダミーなど格差に関連がありそうな変数は、大学1年生の資質・能力にかかわっているという結果や、地域やジェンダーとの関係の報告もされております。強い相関とは言えないかもしれないけれど、ＳＥＳによって資質・能力がばらついている・偏りがあるという観点は捨てなくても良いのではないでしょうか。

3. 今後のトランジション調査研究への考察

　最後に、批判ばかりしても生産的ではありませんので、前向きに捉えるために教育社会学者の立場から何が言えるかを考えてみました。これ

まで述べてきた社会的格差の問題については、「気を付けなければならない」観点として押さえておくと良いと考えています。ただし、調査初期段階の影響があり得るわけで、ここをもう少し精査する必要はあるでしょう。

そして、ここからは発展的な考察です。溝上先生の分析の中で、大学時代にアクティブラーニングの外化が右肩上がりに成長している層の例がありました。1,400名ものデータがあるわけですから、あのように初期の不利をはね返すような層というのを、結構集められるのではないでしょうか。最終調査の分析では、おそらく相対的に数が少なかったので析出されなかったということでしょうが、そういった層に注目して、どうはね返していくのか、あるいは、はね返せる条件は何なのかを考えるパターンもあって良いでしょう。

教育社会学で、大阪大学の研究グループが取り組んできた「効果のある学校」研究というものがあります。ある種の恵まれない層の人たちが、学力を落とさずに底上げを達成できている学校を「効果のある学校」として注目して、その条件を調べたりする研究です。「主体的・対話的で深い学び」のように、あまりにも抽象的なものが、政策として一斉に画一的に実施されていくというのは、個人的にはあまり良いことではないと思っています。スローガンとしては必要かもしれませんが、それを学習指導要領や大学入試に次々と画一的に入れ込んでいく方法ではなくて、個別の環境条件に応じた、それこそ「効果のある学び」の研究のようなものがあっても良いのではないでしょうか。

ディスカッション
社会的格差の影響を超えて、資質・能力を伸ばすために

中村 高康 ✕ 溝上 慎一 ✕ 知念 渉

評価指標の問題──まじめ度と初期値の影響

溝上 中村先生、どうもありがとうございました。先生のお話の中で、いくつか問題提起もいただいておりますので、私と知念先生から答えていきたいと思います。

　まず、評価指標の問題について、先に私から話します。ご指摘の「まじめ度」が何を指標にして示されているのかが不明ですので、言葉どおりの理解で返答しますが、そういった傾向があることは、おそらく皆さんもご経験のとおりだと思います。あとは、私が学習変数として組み込んだもの、たとえば主体的な学習態度は、「まじめ」ということより、ちゃんと課題に主体的に取り組むかという向き合い方のようなものを得点化しています。アクティブラーニングについても、世の中の流れとして「ただやればいい」ということではないことは、皆さんご承知のとおりだと思います。「アクティブラーニングの外化」の得点は、自分で成長に向けて、ちゃんとアクティブラーニングを頑張ってやっている、やれているということであれば高得点になるようになっています。そういう意味では、まず、高校生の傾向（大学生もそうですが）がまじめ化しているというのは、おっしゃるとおりです。それがＳＥＳの影響や、初期段階のいろいろなものを鈍らせているとか、その辺りは分からないの

で、今後、そういうものも組み込んだ検討をしてきたいと思います。

中村先生からご指摘いただいた、初期値の問題等については、知念先生からお答えいただけますか。

知念　私も背景が教育社会学にあるので、先ほど中村先生が提起してくださった問題は、最初からずっと気になっていました。いくつか分析もしていますので、簡単にお伝えしたいと思います。

まず、サンプルのバイアスについてです。全国から無作為抽出されたPISAの2015年の調査のデータを使って、本調査のデータがどのように偏っているのかを確認してみました。**図表4-1**は、PISA2015と高校卒業時調査の母親・父親の学歴別割合を示したものです。見て分かるように、本調査のデータの方が親の学歴が比較的高い層に偏っていました。これはやはり本調査のサンプリングが元々進学校を想定したものになっているからでしょう。したがって、階層が高く、分散が小さくなっていることは否定しにくいかと思います。

	PISA		本調査	
	母親の学歴	父親の学歴	母親の学歴	父親の学歴
大学院	1.1	2.8	2.1	8.7
大学	25.5	41.3	32.1	57.1
短大・高専／短大・専門	24.4	8.4	38.1	9.3
高校	44.8	42.9	27.3	23.7
中学校	4.2	4.6	0.4	1.2

※PISAは短大・高専となっているのに対して、本調査は短大・専門となっている

	脱落回答者		継続回答者	
	母親の学歴	父親の学歴	母親の学歴	父親の学歴
大学院	2.2	9.0	1.9	8.1
大学	32.6	56.6	31.2	58
短大・専門	37.8	9.2	38.6	9.4
高校	26.9	23.9	28.2	23.3
中学校	0.6	1.3	0.2	1.2

■全国をランダムサンプリングしたPISA2015よりも、親の学歴は高い。
■継続回答者と脱落回答者の分布は、それほど変わらない（ただし、継続グループに女子が多い）。

図表4-1　PISA2015と高校卒業時調査における両親の学歴分布

次に、第1回の調査のケースからどれだけ脱落していて、その結果、ケースの偏りがどうなっているのかという問題です。親の学歴や年収については、高校2年生の時点では聞いていなかったので、第1回調査からその後、どう脱落したのかという分析はできません。ただし、大学入学時点で親の学歴や年収について聞いているので、大学1年時点からどのようなケースが脱落しているのかを分析することはできます。結果は意外なのですが、親の学歴や年収には差はほとんどありませんでした（**図表4-2**）。したがって、少なくとも大学1年から大学4年にかけての脱落で言えば、親の学歴や年収といった変数に関しては、ほとんど偏りはないと言っていいでしょう。つまり脱落している層と脱落していない

	維持した回答者 （N=1,079）	脱落した回答者 （N=5,248）
父親の学歴		
中卒・高卒	27%	24%
専門・短大	10%	9%
大学・大学院	63%	67%
母親の学歴		
中卒・高卒	31%	27%
専門・短大	39%	38%
大学・大学院	30%	35%
世帯年収		
600万円未満	24%	24%
600万以上900万円未満	21%	20%
900円万以上	21%	23%
わからない	35%	33%
性別		
男性	27%	42%
女性	73%	58%
高校グループ		
Ⅰ	20%	26%
Ⅱ	26%	24%
Ⅲ	37%	33%
不明	17%	17%

注　河合塾の資料を用いて、高校を下記のグループⅠ・Ⅱ・Ⅲのいずれかに分類した。
　　グループⅠ：難関国公立・私立大に多数進学
　　グループⅡ：中堅国公立・私立大に多数進学
　　グループⅢ：その他の私立大・短大に多数進学

図表4-2　維持した回答者と脱落した回答者の比較

層の親のＳＥＳ（社会経済的地位）は変わらなかったということです。ただし、調査回答者は明らかに女性の方が多く残っていますし、たとえば、まじめな生徒・学生の方が残っているなど、別の変数で偏っている可能性はあります。

　その次に、初期値の高校２年生の資質・能力に対して、親のＳＥＳなどがどのように影響を与えていたのかという点に関してです（**図表4-3**）。分析してみますと、わずかに影響を与えていました。影響の大きさは、ＳＥＳが低いグループに比べて高いグループは１点ほど高いくらいのものです。自己評価である点、今回の指標がどうなのかなどの点を踏まえると、現時点での調査結果からあまり大きな主張はしない方が良いと思います。

　そして、中村先生の「効果のある学校」の話を受けて、2021年度の最終調査直前イベントで私が報告したことを思い出しました（**図表4-4**）。ＳＥＳごとに大学の４年間で大学生がどのように伸びていくのかという分析をしてみました。そうすると、ＳＥＳが低いグループの方が１年生から４年生までの伸びが急だったということは確認できました。したがって、進学校の生徒たちに限って言うと、たとえば両親が高卒というような層の方が、両親が大卒という層よりも、やや大学に

	Model 1
(intercept)	−0.064
	(0.094)
女性ダミー	0.085
	(0.052)
高校の大学進学程度B	−0.054
	(0.071)
高校の大学進学程度C	−0.104
	(0.066)
高校の大学進学程度不明	−0.057
	(0.078)
出身都市三大都市圏	−0.019
	(0.070)
出身都市地方中枢都市圏	0.025
	(0.071)
SES中ダミー	0.090
	(0.057)
SES高ダミー	0.121 *
	(0.060)
Num.Obs.	947
R2	0.013
R2 Adj.	0.004

+$p<0.1$、*$p<0.05$、**$p<0.01$、***$p<0.001$

図表4-3　高校２年生の資質・能力に対する親のSESなどの影響
（数値は係数（標準誤差）を示す。）

	他者理解力			計画実行力		
	Beta	信頼区間	p	Beta	信頼区間	p
(Intercept)	3.20	2.9, 3.4	**<0.001**	2.30	2.1, 2.5	**<0.001**
女子ダミー	0.14	0.01, 0.27	**0.04**	0.12	−0.02, 0.26	**0.089**
SES Lowダミー	0.10	−0.04, 0.24	0.2	0.10	−0.05, 0.25	0.2
SES Middleダミー	0.04	−0.10, 0.19	0.6	0.02	−0.13, 0.18	0.8
三大都市圏出身ダミー	−0.02	−0.09, 0.05	0.5	−0.05	−0.12, 0.03	0.2
出身高校の大学進学程度（A～C）	0.02	−0.03, 0.07	0.4	−0.02	−0.07, 0.03	0.5
中高一貫ダミー	0.08	−0.02, 0.19	0.13	0.10	−0.01, 0.21	**0.071**
大学の入試偏差値（A～D）	−0.03	−0.07, 0.02	0.2	−0.03	−0.08, 0.02	0.2
高二時点の資質・能力	0.23	0.18, 0.27	**<0.001**	0.39	0.34, 0.43	**<0.001**
SES Lowダミー×女子ダミー	−0.04	−0.22, 0.13	0.6	−0.14	−0.32, 0.05	0.2
SES Middleダミー×女子ダミー	0.00	−0.19, 0.18	>0.9	0.00	−0.19, 0.20	>0.9
R二乗値	0.061			0.139		
ケース数	1,736			1,737		

	コミュニケーション・リーダーシップ力			社会文化探究心		
	Beta	信頼区間	p	Beta	信頼区間	p
(Intercept)	2.30	2.1, 2.5	**<0.001**	2.30	2.1, 2.6	**<0.001**
女子ダミー	0.10	−0.02, 0.23	0.11	0.05	−0.08, 0.19	0.5
SES Lowダミー	0.15	0.01, 0.29	**0.032**	0.09	−0.06, 0.24	0.2
SES Middleダミー	0.05	−0.09, 0.19	0.5	0.00	−0.16, 0.15	>0.9
三大都市圏出身ダミー	−0.03	−0.10, 0.04	0.4	0.01	−0.06, 0.09	0.7
出身高校の大学進学程度（A～C）	0.01	−0.04, 0.05	0.7	0.01	−0.04, 0.06	0.7
中高一貫ダミー	0.03	−0.07, 0.13	0.5	0.06	−0.05, 0.17	0.3
大学の入試偏差値（A～D）	−0.03	−0.07, 0.02	0.3	0.04	−0.01, 0.09	0.1
高二時点の資質・能力	0.40	0.36, 0.44	**<0.001**	0.32	0.27, 0.37	**<0.001**
SES Lowダミー×女子ダミー	−0.12	−0.29, 0.05	0.2	−0.09	−0.27, 0.09	0.3
SES Middleダミー×女子ダミー	−0.04	−0.22, 0.13	0.6	0.06	−0.13, 0.25	0.5
R二乗値	0.162			0.105		
ケース数	1,737			1,737		

※太字は有意確率が0.1未満

回帰分析の結果

■女子は、どの資質・能力でも伸びている傾向が読み取れる。

■（男子は）SES Lowの場合に資質・能力が伸びている傾向が読み取れる。

図表4-4　SESごとの大学生の資質・能力の伸び

入った後に伸びる傾向があったということです。ただし、これも、効果量はわずかで慎重な解釈が必要なので、今のところの結果としか言えません。

溝上 サンプルに制約があって、そこで出るべきものが出なかったという可能性は否定できません。それは、中村先生のおっしゃるとおりです。だから、私は、この調査はもうキックオフみたいなものだと言っています。ここまで大規模な調査を誰も彼もができるものではありませんが、少なくとも、間接効果を重ねていくということが明らかになったとすれば、高校と大学をつなぐぐらいの調査研究はできると思います。大学から社会をつなぐ調査研究もできるはずです。私はここが一つの大きなポイントだと考えています。「大学教育の効果は20年経たないと分からない」などと言われてきましたが、この調査では「いや、そんなことじゃない」という返しをしているのです。「まず初期キャリアの社会人3年目から5年目ぐらいを見ていったらどうですか」と。高校も然りです。「高校生の過ごし方で、社会人がダイレクトに規定されていることはない」という結果が、知見として一つ見出されました。ならば、高校の先生方は、大学1年生を見たらいいんですよ。そうやって絞っていけば、あとは中村先生のコメントを真摯に受け止めて、研究をどんどん重ねていくことだと思っています。

社会階層、家庭背景等が教育意識や教育行動に対して与える影響

溝上 では、知念先生のお話も踏まえて、中村先生に、少し確認をしていきたいと思います。まず、私たちは、初期値の影響がまったくないとか、そこはまったく関係ないと言っているわけではなく、「影響のある

部分はあるけれども、大きくはない」と言ってきています。教育社会学では、義務教育において教育格差が出るという結果を示していることが多いかと思います。しかし、中学校から高校へ進学する段階になったら、そこで普通科、専門学科という学科別セレクションがなされ、それ自体が社会階層の影響を受けているとも言われます。本調査の対象が、主に大学進学をする学校に絞った時点で、中村先生のおっしゃる初期値の社会階層的な影響を前提としているというご指摘はそのとおりだと思います。海外の文献で、大学進学者に限定してトランジション調査を行うと、社会階層差は小さくなる、という報告がありますが、本調査も似たようなものになっていると理解しています。

　本プロジェクトは、高大社をつなぐ、高校と大学の接続を前提とした社会へのトランジション調査ですから、この調査自体の枠組みは否定されても仕方がありません。この調査では、大学から入口の高校へとつなぎ、出口の社会へとつないだのですから、あとは、その上で本サンプルに社会階層的な影響がどのように見られたかを、知念先生のご回答で見ていただければ良いのではないでしょうか。

中村　研究目的が違う部分もあろうかとは思います。溝上先生は、学びのところを中心に解明しようとされている。社会学者は、どうしても格差とか構造の方を見ようとしてしまいますから、その違いは一つ大きくあると思います。そうであったとしても、今回コメントをしたのは、私も、もうちょっといろいろ調べてみたいという気持ちがあるからなのです。というのは、我々が調査する際に、教育社会学の文献を見ていると、大学のレベルにしても高校のレベルにしても、社会階層、家庭背景などの構造変数が教育の意識や教育行動に対して影響するということを、嫌というほど見せつけられているのです。それらに比べると、この調査で、そういった影響が出ていない点については、強い印象を受けま

す。

　先ほど「発見的」と言ったのはそういうことです。構造変数の影響が
あまり出ていないのだとしたら、それは、もしかしたら実態としては良
いことなのかもしれないし、あるいは逆に、調査のやり方やデータの整
理の仕方、指標の取り方、いろいろなところで問題があるのかもしれな
い。そこを起点として考えていくと良いのではないでしょうか。私も
「絶対こうでなきゃいけない」と思っているわけではないので。

溝上　高校を卒業して、短大、専門学校も含めて高等教育機関に進学で
きない家庭の事情、経済的な事情などは、今でも聞きます。そういう人
たちを、私たちは除外してしまっている割合は高くて、そういう意味で
は、一部の層を抽出し過ぎているところはあります。ここは理解してい
ます。引き続き検討していきたいと思います。

	Coef.	S.E.
切片	91.887＊＊	31.301
性別（基準：男性）		
女性	−45.331＊＊＊	7.707
家庭の社会経済的地位（基準：低）		
SES中	0.802	8.298
SES高	18.487＊	8.813
出身大学の入試偏差値	21.761＊＊＊	4.183
地域移動（基準：地方→地方）		
地方→都市	6.445	10.120
都市→地方	13.787＋	8.255
都市→都市	45.579＊	22.981
資質・能力（社会人3年目時点）	46.741＊＊＊	8.426
雇用形態（基準：非正規）		
正規	94.611＊＊＊	15.099
N	947	
R2	0.17	
R2 Adj.	0.16	
F	21.05	

＋p＜0.1、＊p＜0.05、＊＊p＜0.01、＊＊＊p＜0.001

図表4-5　社会人3年目の年収の規定要因（図表2-9再掲）

そして、知念先生が、年収の変数を加えてきました。社会学では、よく行うことだと思います。この辺りは、どうご覧になりましたか。私はどうしても心理的変数に偏り過ぎなのですが、こういう変数を入れるとやはり差が出てくる点は勉強になっています。

中村　知念先生が、年収を被説明変数とする表を出されていますね（**図表4-5**）。先生はあまりはっきりおっしゃらなかったのですが、年収に対して社会経済的変数が影響するということは分かりきっているといいますか、もう繰り返し確認されてきていることで、当たり前という感じです。

溝上　「ここでも検証された」というぐらいですね。

中村　そこで問題は、あの表は、大学・高校のレベルとか、いろいろなものをコントロールした上で、資質・能力の変数も入っているところです。資質・能力の変数が、社会人3年目の年収に結構効いていますよね。ということは、同じ社会階層の人がいたときに、資質・能力があると年収が上がることも、あの表から間接的に読めるのですよ。そんな前向きに解釈して良いのかという問題はありますが、知念先生はどう思われますか。

知念　この**図表4-5**は、社会人3年目の年収を従属変数として、表に示される変数を独立変数として重回帰分析を行った結果です。基本的にはおよそ91万円（切片）が誰しもに与えられたうえで、男性に比べて女性はおよそ45万円減り、家庭の社会経済的地位が高い場合には低い場合に比べておよそ18万円高くなる、というように解釈していきます。そうやって見ていきますと、確かに資質・能力の変数が結構影響を与えています。係数（Coef.）に着目すると、46.741になっていますので、資質能力の得点が1.0上がると、およそ46万円年収が高くなるということです。それだけでは分かりにくいので、単位をそろえて（標準化して）比

較してみました。すると、資質・能力、出身大学の入試偏差値は年収に対して同程度の影響を持っていることが分かりました。そういう意味では、資質・能力が年収に対して与える影響は結構強いと考えてもよいと思っています。また、それらの影響力と比較すると、ＳＥＳ高グループと低グループの差から見えてくる家庭のＳＥＳが年収に対して与える影響力は、およそ４割程度と限定的なものにとどまっています。ただし、資質・能力や出身大学の入試偏差値は、そもそも家庭のＳＥＳに規定されています。見方を変えれば、それでもまだ直接的に家庭のＳＥＳが有意に影響を与えていること自体、驚くべきことかもしれません。ついでに言えば、女性であることは資質・能力や出身大学の入試偏差値と同じくらい、年収に（マイナスの）影響を与えていました。女性は男性に比べて資質・能力が高い傾向にありますが、それでも相殺できないほどの不利を被っているとも言えます。まとめますと、家庭のＳＥＳ、性別、あるいは生まれた地域が年収に与える影響は楽観視できないほど大きいものではありますが、年収に与える資質・能力の影響力が、大学の入試偏差値のそれと同程度ということは、それなりに希望があるものと言えるかもしれません。

社会階層、家庭背景を超えていくために

溝上　中村先生が、コメントの最後におっしゃった「初期の不利をはね返す層、できない人を伸ばしていくような取り組みが欲しい」というのは、現場の先生方はみんな思っていることですよね。私が示してきたもので言うと、小さいときからの育ちの成果として高・中・低クラスというものが、ある程度発達上は存在するということは、しっかり現実として受け止める必要があるとは思います。だけど、個人の中での成長はあ

ると。

　アクティブラーニングの外化、あるいは主体的な学習態度もそうですけれど、抽象度が高いといっても、授業場面が見えてくるようなところでの得点なんですよ。私たち実践家は、目の前の学生に対して取り組みを促していく、多分ここしかできないんですよね。だから、中村先生の言葉に寄せて言うと、できない人だけでなくて、できる人も含めて、目の前の生徒・学生たちの「できる」「できない」をアセスメントした上で、一歩でも二歩でもその人たちが伸びていくような働きかけと介入を、教師は貪欲にしていく、それに尽きると思います。

　アクティブラーニングの外化の得点が高いと社会につながることは、統計上は示されていますが、アクティブラーニングの外化の得点が高いからといって、それを大学でやってきたと言えるわけではありません。**第3章**のインタビュー調査では、8名のうち2名は、大学の中でかなりアクティブラーニングが浸透していて、しっかり取り組んだと話してくれました。でも、残りの人たちは大学ではほとんどアクティブラーニング型の授業は実施されていなくて、大学ではあまり取り組まなかったと回答しました。しかし、彼らのアクティブラーニング外化の得点は結構高く出ていました。それは、大学の取り組みに関係なく、その人がアクティブラーニングをやれている人かどうか、それだけを見る得点だからです。彼らは、アクティブラーニングかは分かりませんが、大学の外で学び成長したと言います。大学はこれで良いのかと思いますが、調査データとしてはこういうことが起こっているという説明になります。

中村　ありがとうございます。かなり共通理解ができたような気もします。アクティブラーニングにしても、主体的・対話的で深い学びにしても、溝上先生が今まさにおっしゃったように、それぞれの場面だったり状況だったり、地域や性別、階層も、それぞれのところに合ったそれぞ

れのやり方が、きっとあるはずだと思うのです。それを上から決めて、どんと下ろしていくというのは、どうなのかといつも思うのです。そこを、ぜひ皆さんにもご理解いただいて、「上から降ってきたから、じゃあ、そのとおりやるか」ではなくて、それぞれの場面での工夫・実践があっても良い。あるいは、それを推奨するような政策もあっても良いのではないか。それが、私が申し上げたかったところです。

【コメント&ディスカッションを終えて】 溝上 慎一

　中村先生のコメントを受けての議論、本プロジェクトメンバーの知念先生から提出された知見も踏まえて、本プロジェクトで扱ったデータが、社会階層の観点からどのようなものであったかは、かなり明らかになったように思います。今後、他の研究者がこのようなトランジション調査を行い、さまざまな角度からのデータを収集して、私たちのプロジェクトで示した知見を批判的に検討してほしいと思います。私たちも引き続き新たなデータを収集して検討していきたいと思います。

〈参考文献〉

・小針誠・井上義和 (2021). 国策アクティブ・ラーニングの何が問題か　井上義和・牧野智和 (編) ファシリテーションとは何か：コミュニケーション幻想を超えて　ナカニシヤ出版, pp.147-174.
・溝上慎一 (責任編集) 京都大学高等教育研究開発推進センター・河合塾 (編) (2015). どんな高校生が大学、社会で成長するのか──「学校と社会をつなぐ調査」からわかった伸びる高校生のタイプ──　学事出版
・鍋島祥郎 (2003). 効果のある学校──学力不平等を乗り越える教育　部落解放人権研究所
・尾嶋史章・荒牧草平 (編) (2018). 高校生たちのゆくえ──学校パネル調査からみた進路と生活の30年　世界思想社
・志水宏吉 (編) (2009).「力のある学校」の探究　大阪大学出版会

第5章

大学教育の視点から言えること

濱中 淳子

ディスカッション

学び、成長できる大学教育であるために

私も専門は教育社会学で、最初のコメンテーターの中村高康先生は私の大先輩です。私が学部生だったときに博士課程の学生でいらっしゃって、調査の統計手法を初めて教えていただいたのも中村先生でした。ですから、さきほどの教育社会学の話は、とても興味深く伺っていました。

　私のキャリアのことを申し上げますと、大学院で学んだ後、東京大学で数年のあいだ研究員をし、その後、1年半ほどリクルートワークス研究所で企業のこと、社会人の学びに関する調査研究に携わりました。そしてその後、大学入試センターの研究開発部に移り、10年ほど勤務しました。大学入試センターでは、大学入試や高大接続、高校生の学習といったテーマを扱いました。その後、東京大学で2年間、高大接続の仕事をし、2019年から早稲田大学に移りまして、現在、高等教育論を担当しています。また、個人的には学歴の効用や教育費をめぐる世論について分析を重ねてきたという顔も持っています。

　教育社会学の中でも、大学教育や高校教育の実態、そしてその効果を実証的に分析するということに取り組んできました。本日は、教育効果、高等教育論の視点から、学校と社会をつなぐ調査を考えていきます。

1. 最終報告から見る大学時代の成長

　私が、注目したい知見は、最終報告で、このように書かれている部分です（**図表5-1**）。

　要は、「高校2年生から社会人3年目までの間に資質・能力は変わらない」というところです。ただ、この観点については、最終成果報告書（以下、報告書）の中では「大化けを期待することは難しくても、学生は成長することはできるのです」と表現されていました。すでに、溝上

最終報告：注目したい知見

▶ 本調査の結果が示したのは、そのような資質・能力を高中低という大きく3つのクラスに分けて見た時、高校2年生から社会人3年目までそのクラス移動が統計的に起こらないということでした。

▶ また、このことは、実質的な義務教育段階となっている高校までの間に、ある程度児童・生徒の資質・能力を育てなければならないことを示唆します。

▶ 大学受験を乗り越えて志望する大学へ入学しても、高校までの間に議論をしない、協働をしない、新しい経験に開かれていないなどの、資質・能力を十分に身につけてこなかった生徒は、大学生になっても社会人になってもそれらの資質・能力を十分に発展させられない可能性が高いということです。

▶ 資質・能力はいつでも好きな時に発展させられるものではなく、幼少時より積み上げてきた知識や能力、経験等を基礎として間接効果として発展させるものなのです。

図表5-1　最終報告：注目したい知見
※「学校と社会つなぐ調査」最終成果報告書、p.2より。

先生が何度もおっしゃっていることですが、確かにそのとおりで、グラフを見ると、右上がりになっていることが確認できます。大化けではないかもしれないが、成長はしている。現実と希望の両方を感じとることができる結果です。

　図表5-2は、報告書の中から高校2年生、大学4年生の2時点の結果だけを取り出して作成した表です。他者理解力、計画実行力、コミュニケーション・リーダーシップ力、社会文化探究心という、4つの指標があります。それぞれどれぐらい伸びているかというと、たとえば、他者理解力は、高クラスは0.29、中クラスは0.20、低クラスは0.30伸びている（以下、数値は同じく高中低の順）。計画実行力は、0.23、0.25、

他者理解力

	高2	大4	差
高クラス	4.29	4.58	0.29
中クラス	4.00	4.20	0.20
低クラス	3.48	3.78	0.30

コミュニケーション・リーダーシップ力

	高2	大4	差
高クラス	4.08	4.35	0.27
中クラス	3.52	3.81	0.29
低クラス	2.78	3.15	0.37

計画実行力

	高2	大4	差
高クラス	3.86	4.09	0.23
中クラス	3.31	3.56	0.25
低クラス	2.64	2.93	0.29

社会文化探究心

	高2	大4	差
高クラス	4.12	4.35	0.23
中クラス	3.66	3.79	0.13
低クラス	3.21	3.25	0.04

図表5-2　高校2年生、大学4年生時点のみ取り出した潜在クラス成長分析の結果
※「学校と社会つなぐ調査」最終成果報告書、図表3（p.11）より濱中作成。

0.29伸びている。コミュニケーション・リーダーシップ力になると、0.27、0.29、0.37伸びている。コミュニケーション・リーダーシップ力は、低クラスが他のクラスに比べ大きな伸びを確認できますが、社会文化探究心になると逆転して、高クラス0.23、中クラス0.13、低クラス0.04といった数値が見られます。

　いずれにしても、伸びているという事実は確かに認められ、統計的に有意な差であるという点でも大事な発見だと言えます。ただ他方で、「実態として、これはどれほどの成長なのか」というのも気になるところです。大学4年生の得点と高校2年生の得点との差の平均値を出してみると、0.24という値が得られます（（0.29＋0.20＋0.30＋0.23＋0.25＋0.29＋0.27＋0.29＋0.37＋0.23＋0.13＋0.04）/12）。本来であれば個票データで算出すべき平均値ではありますが、傾向をみるためにさほど大きな問題はないということにして、この0.24の増加ということの意味を少し考えてみます。

どのようなときに0.24の増加はみられるのか。ここに示されているのは、5件法で回答してもらった質問項目を用いた分析結果です。したがって、100人の集団で考えてみると、100人のうち、24人に、回答が「3」から「4」になったなど、プラス1の変化があれば見られる増加だと言えます。残りの76人の回答はそのままで、24人だけがプラス1です。それが「平均にして0.24の増加」ということの意味です。他者理解力の高クラスにあてはめて言えば、29人は伸びていて、71人はそのままなのです。加えて29人の伸びはプラス1という程度。となると、どうして成長がこのレベルなのか、やはり気になります。

溝上先生の報告では、「学ぶ場は大学の外であっても良い」「授業外であっても良い」とされています。おっしゃるとおりだと思います。私も学生たちのそばにいますので、授業ではないところ、つまりサークルや課外活動、またはアルバイトやインターンシップで生き生きと成長していく学生の姿を見るのは、とても微笑ましいし、本当によくやっていると素直に感心しています。

一方で、「本当にそれでいいのか？」とも思うのです。たとえば、私は早稲田大学の教育学部におりますが、年間学費は約120万円です。4年間で約480万円の学費を払って、学生たちはキャンパスに通い、カリキュラムの授業を受けているのです。その約480万円の成果が0.24の成長だ、ということになるかと思います。今でこそ給付型の奨学金が少しずつ充実してきていますが、それでも苦労して学費を捻出して大学に来ている学生たちはいます。「授業外の活動の力を借りてもなお、0.24の成長しか実現できない場でいいのか」と、どうしても思うわけです。

そこで、なぜ大学時代に目立った成長が見られないのかに関して、3つの仮説を持ってきました。この3つの仮説を論点として提示したいと思います。

2. 大学で成長する準備が整っていないのではないか

　まず仮説1です。報告書には、「資質・能力はいつでも好きな時に発展させられるものではなく、幼少時より積み上げてきた知識や能力、経験等を基礎として間接効果として発展させるものだから」と書かれています。要は、小・中・高と基礎ができていないと、大学に入って大化けすることは難しい。仮説1は、出発点ですでに後れをとってしまっている学生が少なからずいるため、成長が生じにくい、というものです。

　なお、この「間接効果」というキーワードとともに、報告書では、私の『検証・学歴の効用』（勁草書房、2013年）を引用してくださっています。こちらのもととなる考え方は、矢野眞和先生が提唱された「学び習慣仮説」です。これは、大学時代の学修が、卒業時の知識能力を向上させる。その経験が卒業後に継続することによって、現在の知識能力が向上する。その結果、所得の向上がもたらされるという考え方です。さまざまな卒業生調査やどのデータを見ても、所得に効果があるのは、大学卒業時の知識能力、つまり大学時代の学びなのか、それとも働いている今の学びなのか。こうした二つの問いで考えたとき、その答えは、およそ現在の学び、現在の知識能力だ、という結果が出てきます。けれども、その現在の知識能力に影響を与えているのは、大学卒業時の知識能力である。そのような意味で、大学時代の学びは大事なのだということを、矢野先生は「学び習慣仮説」という言葉で表現していらっしゃいます。

　ただ、ここで「学び習慣」という言葉を使うと、この言葉に反応して、「いつまでに学ぶ習慣を身に付けなければならないのか」という問いも出てくるわけです。「大学時代に学ぶことができている人って、高

校時代も学んでいた人でしょ」といった質問を私もよく受けます。そのように問いたくなる気持ちは分からなくもないのですが、それでも矢野先生は大学時代にこだわっていらっしゃったと私は理解しています。一方で、「幼少期こそが大事だ」といった議論もあります。たとえば、マシュマロ・テストなどは、その代表格です（column 2 参照）。そうしたなかで、なぜ矢野先生は大学時代に注目したのか。

　あくまでも私の理解ですが、先生は、学生が自分自身で選択する、自分自身の力で学びをコントロールすることができる大学時代にこだわっていたのだと思います。これはまた別の課題として取り上げるべきですが、大学時代までは、どうしても階層の影響が出てきてしまう。そうしたなか、高校時代までに学習習慣を身に付けろというのは、酷なことでもある。大学に入り、自分の足で立ち、自分の意志で学びに取り組んだとき、そこからでもキャリアを豊かにすることはできる。あるいは、高校卒業時に大学に進学しなかったとしても、働いてから、やはり大学に行きたかった、大学で学びたいと思ったときに、いつでも大学に進学し、学ぶことを習慣化すれば、そこからまたそのことが生きるキャリアを歩んでいくことができるということです。だからこそ、矢野先生は、同時に大学教育の無償化についても、強く主張していらっしゃると理解しています。経済的条件で大学に進学できない若者を支援すること、そしてさらに社会人がいつでも大学に戻って学ぶことができるようにするためです。

　とはいえ、ここで仮説1の話に戻しますと、成長、発達のありよう自体の分析に注力するなら、時間軸を長めにとるべきですし、だからこそ報告書にもその視点が採用されているのだと理解しています。繰り返せば、大学で成長する準備が整っていない学生が多いため、目立った成長が見られない。これが最初に提示したい仮説です。

3. 現段階の日本の大学は 「成長を可能とする場」になっているのか

　次に仮説2です。学生時代においても資質・能力を成長させることは可能なのだが、現段階の日本の大学（特に授業）が「成長を可能とする場」になっていないから、というものです。

　こちらは国立教育政策研究所が実施している大学生の学習実態に関する調査研究のデータから作成した、大学1・2年生の1週間当たりの授業の予習・復習等の時間について、専攻分野別の回答者構成比を見たものです（**図表5-3**）。ほとんどの学系で半分以上、特に人文・社会科学系では6～8割が、0時間から5時間以内だということが分かります。強調しておきますが、1日当たりではなく、1週間当たりです。これぐらいの課題しか課していないというのが、今の大学の実態なのであれば、確かに学生は伸びないでしょう。今の大学教育がこのような状況なのだから、学校と社会をつなぐ調査でもあのような結果が出たのではないか、0.24しか伸びていないのではないか、ということです。

　関連して、社会人にならないと能力の自己評価が下がらないというと

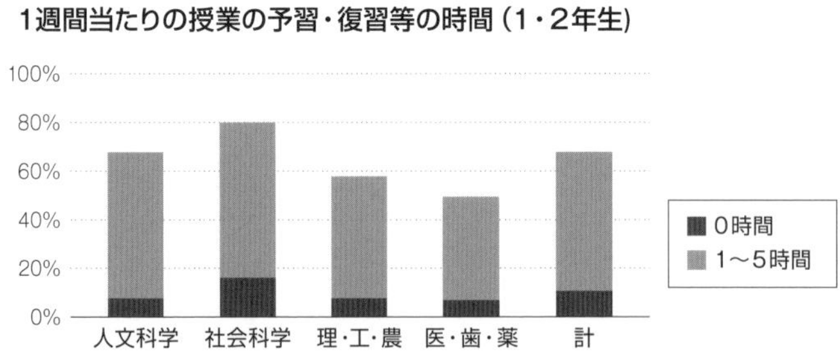

1週間当たりの授業の予習・復習等の時間（1・2年生）

図表5-3　大学1・2年生の1週間当たりの授業の予習・復習等の時間（専攻分野別）
※国立教育政策研究所（2016）．大学生の学習実態に関する調査研究について（概要）より濱中作成。

ころも気になります。皆さん、大学と高校の学びは違うなどとよくおっしゃっていますが、そうであれば、大学に入学した直後に資質・能力の自己評価がそのまま上がるようなことは、起きるはずがありません。「自分がこれまでやってきた学びって、大学では通用しないんだな」というリアリティショックが起き、自己評価は下がるはずです。下がらないということは、それだけ「ぬるい」大学教育をやっていることを示しているようにも思われるわけです。

4. 分析から外された資質・能力項目は大学教育で伸びているのか

　最後に仮説3です。実は今の大学教育で伸びている資質・能力はあるのだけれど、それが他者理解力や計画実行力、コミュニケーション・リーダーシップ力、社会文化探究心のようなものではないから、という可能性もあります。

　私は、いま、自分自身の研究プロジェクトで、早稲田大学の吉田文先生、佛教大学の山内乾史先生、神戸大学の葛城浩一先生と一緒に、大学生を対象にしたインタビュー調査を行っています。「あなたは、どういうふうに成長しましたか」と聞くと、「成長」という縛りが出てしまいますので、「どのようなキャンパスライフを送ってきましたか」「いま、どのような生活をしていますか」といった質問をして、学生生活のことを子細に語ってもらい、最後に振り返りをしてもらっています。

　まだ調査は継続中ですが、これまでの調査から、選抜性の違いによって学生から出てくる言葉が違うということが徐々に見えてきました。もちろん選抜性が高い大学のなかでも、あるいはそれほど高くない大学のなかでも、多様性は確認できるわけですが、反復性の高さで言うと、次

のようなことが見えてきました（**図表5-4**）。

選抜性の違い

大学での学びに強い期待を抱き入学 → 1年生4月、大規模授業の多さに幻滅 → 成長の場探し → 見つけた場で積極的に活動 → その活動に紐づけた自分なりの成長物語（キーワードは「相対化」）

コンプレックスを抱えた入学 → 主体的にコミュニティを広げようとしない → 授業という空間で自分なりに目標 → 他方で授業ではなくアルバイト・就活関連で語られる成長物語（キーワードは「コミュ力」）

図表5-4　インタビュー調査でみられた成長パターン
※濱中他（2020）より。

　選抜性の高いところだと、まず、学生たちは、大学での学びに強い期待を抱いて入学しています。今の大学生はまじめです。そして、1年生の4月に大規模授業の多さに幻滅します。幻滅して、成長の場を探すわけです。そうすると、溝上先生も「外」というキーワードをおっしゃっていたとおり、成長の場は授業「外」になります。見つけた場所で積極的に活動し、活動に紐づけた自分なりの成長物語を語り始めます。キーワードは、「相対化」です。「自分が高校時代まで、いかに狭い世界で生きてきたのかがよく分かった」といった成長を話す学生が多くいます。一方で、ちょっと選抜性が低いところになると、そもそもコンプレックスを抱えた入学になっています。そうすると、残念ながら主体的にコミュニティを広げようとしません。学歴コンプレックスで、大学の中、授業という空間に閉じこもってしまう。そしてその空間で、自分なりに目標を見つけるというところがあります。他方で、授業ではなく、アルバイトや就活関連の活動も行うので、成長については、そこでの「コミュ力」の獲得を挙げるパターンが多いようです。
　ここで気になるのが、溝上先生が示された資質・能力の指標で、分析

から外された資質・能力項目「自分を客観的に理解することができる」はどうだったのか、ということです。たとえば、日本では高校までの教育が、かなり画一化されていて、輪切り状態とも言われます。そのような日本社会ならではの事情が絡んだ上での成長というものがあるのではないでしょうか。

　以上、3つの仮説を立ててみました。この点について溝上先生とお話ができればと思います。

ディスカッション
学び、成長できる
大学教育であるために
濱中 淳子 × 溝上 慎一

資質・能力の推移

溝上　ありがとうございます。まず、濱中先生も取り上げられていた、資質・能力の推移についてです。社会人になって、自己評価がどんと落ちていますよね。皆さまからも、いろいろ意見をいただいています。

　一つ目は、リアリティショック。濱中先生からは、「そのリアリティショックは大学でもあるべきだ」とお話がありました。海外では、大学でもリアリティショックが出てきます。日本でも大学1年生のリアリティショックの研究はありますが、ほんの少しです。二つ目は、こちらも濱中先生からありましたように、日本人は、学校では同質性の中で

育ってきて、社会で働き始めると異年齢やいろいろな立場の人たちと一緒に仕事をしていかないといけません。これも、自分を相対化していく一つの契機となります。三つ目は新型コロナウイルスです。コロナの影響がないとは言えません。

　ですから、私たちは、大学から仕事・社会へつないだデータを、これからも引き続き取って、検証し、いろいろな課題を見つけていくことが、学術的な仕事として大事だと感じています。

なぜ大学生に焦点を当てるのか

溝上　濱中先生から、マシュマロ・テストの話がありました。海外では、3〜5歳児ぐらいの非認知能力を測るテストがあって、それを20歳、30歳ぐらいまで追いかけていく調査研究が結構あります。そういったテストでは、数十秒から数分ぐらいの世界の中で、できる・できないを測っています。一方で、私たちが高校生、大学生、社会人を見ていくときには、今日明日の話ではなく、今週どうするかという短期目標から、1年、数年内にこれだけのことをやっていく、といった長いスパンの話をします。でも、これがつながってくるのがおもしろいところです。幼少期から見ていて、そこで取られている変数のほとんどは、かなり具体的なものなのですが、私たちは、それらが積み重なった、抽象度の高い資質・能力を見ています。そう理解できれば、今日の濱中先生の議論はよく分かると思います。

　その上での質問ですが、濱中先生はなぜ大学生段階が重要だと思っているのでしょうか。世の中では、「もう幼少期から育てないとヤバいですよ」などと短絡的に言われたりします。そこで、大学生に焦点を当てる先生のお考えはどこにあるのでしょうか。

濱中　本当に恥ずかしい話を暴露するようなものなのですが、どうしても私自身の経験から自由になれないというところがあります。私は、地方の公立校という狭い空間で生きてきました。東京に出てきていろいろな人と出会い、そして教育社会学と出会って、それまで見てきたものとはまったく違う社会、違う世界を知りました。こういう世界があって、こういう勉強の仕方があって、こういうことを追究したいという営みを続けている集団があることを知った時に、ギアが変わった。その瞬間というのを、今でも自覚しています。

　ただ、私のこの経験は決して特殊なものではないとも思っています。というのは、大学の先生方と話をしていると、大規模教室では難しいのですが、「少人数で学生たちに発破を掛けていくと、学生は変わるよね」ということをよく聞くからです。ゼミの話をしていると、そのような話題になることは多いように思います。

　こうした経験をベースに考えると、やはり大学にも希望があるように思えるわけです。それは溝上先生がおっしゃるように「大化けということではない」かもしれません。それでも、大事な変化だと言えるのではないか。最初の一歩を踏み出すという変化をもたらすことができるのではないか。その可能性は見つけたいとずっと思っています。

　それと同時に、「大学時代までにある程度のことをしておかないと、その後の成長は難しい」というメッセージを、高校までに何とかできなかった人が見たときに、どのような気持ちになるのかというところが、私の中では大きい、というのもあります。希望がないにもかかわらず希望を語るのは詐欺です。そんなことはやってはいけないのですが、少しでも希望があるのであれば、その希望をちゃんと汲み取って、共有していく必要がある。たとえば、先ほど中村先生も「効果のある学校」の話をされていらっしゃいましたが、「こうすれば右上がりの成長というパ

ターンもあるんだよ」ということを汲み取る必要があるというのは、私も同じ考えです。

大規模授業の問題
──学生を伸ばしていく授業にするためには

溝上 大規模教室の問題については、私は実践的にはとても大事な視点だと思っています。大学でアクティブラーニングを入れていくときに、特に都市部の、定員の非常に多い私立大学の、数百人規模の授業で、学生を伸ばしていくような授業ができるわけないですよね。

今回インタビュー調査にご協力くださった人たちも、都市部の私立大学の方が何人かいました。1年生のときには、そもそも講義だけなんですよね。一つの教室で300人、400人の授業は普通にある。専門的な分野の授業に入ってその規模が小さくなると言っても、少人数になるわけではない。最後にゼミぐらいが一つの落としどころといっても、それも学生を育てようという教員の意欲に依存する。こういった状況は、学費に見合っているのでしょうか。

桐蔭横浜大学は1学年3学部600人しかいないのに、200人、300人の授業がいくつかありました。特に1・2年生ですね。ですから、2022年から、段階的にすべて100人以下の授業にしています。たとえば300人の授業であれば、100人を3コマにするようにしました。あとは、少人数の授業については、私の大学にはたくさんありますので、これまでのものを維持しています。

全国にある800近い大学の定員は、三大都市圏の大学の定員だけでその半分以上を占めます。その人たちの8割は私立大学。そこで、充分に伸ばせていないという結果が出ているように思います。これは大きな問

題だと感じています。

濱中　それはもう本当におっしゃるとおりです。身近な例なので、とてもよく分かります。先ほど学生にインタビューしていると申しましたが、当然、早稲田大学の学生にもたくさんインタビューしています。基本的には4年生が対象です。そこで学部によっては、受けていた授業の9割以上が大教室だったという人も少なからずいます。「4年間で、先生と個人的に何分間話した？」という質問もしますが、「5分も話してない」という学生がざらにいます。しかも、その5分は、どんな話かと思ったら、研究室に荷物を運んで「ありがとう」と言われたとか、大体そのようなものです。それで成長が起きるわけがない。

　ただ、これは早稲田大学だけの問題ではないはずです。首都圏や関西の学生数の多い私立大学上位20大学の学生数を全部足し合わせると、確か日本の大学生の2割ぐらいになるはずです。そこでは、おそらく似たような光景が見られるのだと思います。日本の大学問題は、ここにあるのではないかという気はしています。

　いま、こうした状況を打破する糸口は、オンライン授業にあるのではないかとも思っています。大学の授業の中には、知識の獲得がメインの目標だったり、専門の基礎の定着が大事であったりする授業は、当然あります。そして、こうした授業は、基本的に講義形式です。たまにアウトプットの時間をとることで知識の定着を図ることはするけれど、教員による説明がメインになります。こうした講義形式の授業はオンデマンドを活用することができます。課題を使ってアウトプットの機会は確保しつつ、講義自体はオンデマンド、といったものです。オンデマンドであれば、1回教材を作れば、もちろん見直しは必要でしょうが、授業にかける時間は空くわけです。その時間で、少人数の授業を充実させることもできる。もっと少人数の授業を増やし、内容も充実させれば、大学

も学生の成長のありようも変わっていくのではないか、とコロナをきっかけによく考えるようになりました。

　ただ、オンライン授業によってカリキュラムの根本的な見直しを、という議論はほとんど見たことがなく、個人的にはもやもやしています。

溝上　それでも、オンライン授業が行えるようにはなりました。そういう方向で、メリハリをつけていくことはできます。私たちも、そこをしっかり取り組んでいきたいと思います。

正課教育だからやるべきこと

溝上　最後に一つだけ。私は「課外でいい」とは、絶対に思っていないんですよ。むしろ課外活動はこれまでどおり頑張ったらいい。それはOK。ですが、正課教育だからやるべきことは何か、とずっと考えています。濱中先生、学費の話だけではなく、何かありませんか？

濱中　これは私が申し上げるよりも、溝上先生に、最後にガツンと言っていただきたいですね。溝上先生は、「授業の予習・復習がまずあって、それから授業の内容を決めなさい」ということを書いていらっしゃいましたよね。授業があって、課題が付属的にあるのではなく、課題があって、授業がある。それを読んで、本当にそのとおりだと思ったのです。そうすると学習時間は伸びますし、理解も深まりますし、2単位という授業が実質化する。課外活動での学生の成長はもちろん重要です。まとまった時間、好きなことに没頭できるというのは学生時代ならではのことですが、そこでの成長を強調するというのは、大学が学生の自主性に甘えているだけのような気がしています。

　その点で、日本の大学が、アドミッション・ポリシーなどで、学生の自主性を強調する傾向に少し疑問も持っています。オックスフォード大

学で教鞭を執っていらっしゃる苅谷剛彦先生は「オックスフォード大学の教育に自主性なんかない」と、少し誇張されたところもあるのだと思いますが、そのようにおっしゃっていました。チュートリアルでどんどん課題が出されるからです。広く見渡せば、国外ではそういう大学教育が展開されています。

　正課教育をいかに変えていくか。オンラインという手段を手にしつつある今、改めて考えていくことだと思っています。

溝上　ありがとうございます。予習・復習で自分の知っているところ、知らないところ、分かるところ、分からないところを分けて、分からなかったら、しっかり読み直して理解を深める。あるいは、ちょっと調べたり、復習したり、ちゃんと理解できるような状態に持っていく。これだけでも、ものすごい忍耐と頭を使いますよね。

　正課教育と課外活動について、たとえば高校の先生から、「勉強はできないけど、部活動を頑張っているから、この生徒は大丈夫」といった話をよく聞いてきました。確かに、部活動を頑張っているのはOKですが、だからといって先生方には勉強を頑張らないのをOKとは言ってほしくないのです。その違いはどこにあるかというと、クラブやアルバイト、インターンシップは経験知でものを考えていくのですが、授業や学業というのは、抽象的な概念、体系立った世界でものを考えるように求められて、それを自分が分かる・分からないと格闘する。場合によっては、その世界観を共有できなくて、離れてしまうこともある。仕事や社会生活で「できる」「できない」というときに、思考力の問題は常にありますが、経験に強い人と抽象的な概念世界で強い人、あるいはその両方できる人、どちらかしかできない人というのがありますよね。正課教育というのは、この概念とか体系立った世界で、物事や社会について考えていくということだと思うのです。環境や国際やエネルギーといった

問題は、とても抽象度の高い世界で、経験の世界ではないんですよね。そのようなところを正課教育で学びつつ、他方で、課外活動で経験的にものを考えていけばいいのではないかと思います。

濱中 ありがとうございました。中村先生も「このようなすごい調査」と先ほどおっしゃっていましたけれども、今回のこの10年のパネル調査のデータは本当に貴重で、多くのことを教えてくれるものだと思っています。キックオフという言葉は、まさにそのとおりですね。今回、溝上先生が提示してくださったこの知見をもとに、今後、私たちがどのように大学教育に取り組む必要があるのかということを検討し続けていかなければならないと思っています。本当にありがとうございました。

【コメント＆ディスカッションを終えて】　溝上 慎一

　大学生をもっと学び成長させられる大学教育（正課教育）であらねばならないと、改めて感じる時間でした。資質・能力のグループ内の傾きが正で有意だと言っても、その傾きの係数は大きな値ではなく、そこを濱中先生には見抜かれていました。私は、誕生以来の人の発達が積み上げられた大学生の年齢期において、資質・能力の高中低のクラス間移動が起こりにくいという本プロジェクトの結果を、理論的に考えても妥当なものだと理解しています。しかし、その上で、大学生をもっと学び成長させることはできると、そのような大学教育にしていかなければならないと、濱中先生に強くおっしゃっていただいたように思います。

〈参考文献〉
・国立教育政策研究所（2016）．大学生の学習実態に関する調査研究について（概要）
・濱中他（2020）．現代日本における「大学生の学習行動」に関する総合的研究

第6章

教育行政の視点から言えること

板倉 寛

ディスカッション

育成をめざす資質・能力と学習評価をどう考えるか

本日は「初等中等教育行政の視点から」、特に学習指導要領を中心に
ご説明いたします。私は行政官で、他の先生方と異なりアカデミックな
視点ではないため、少し物足りなく思われるかもしれません。私の視点
としては、教育行政の方や現場の高校の先生方の取り組みのヒントにな
るように、お話と溝上先生との意見交換ができればと思います。

　はじめに、私は1999年に当時の文部省に入省いたしました。2015年
8月から2019年3月までは外務省出向で英国の日本国大使館でJETプ
ログラムや国費留学などを担当し、帰国してからは文部科学省初等中
等教育局で学習指導要領を担当する教育課程企画室長を2年間させてい
ただきました。その後、初等中等教育局企画官を3か月担当した後、情
報教育・外国語教育課長を3か月、そのまま組織編成で学校デジタル化
プロジェクトチームのチームリーダーとして、1人1台端末のGIGAス
クール構想の担当を11か月やって、現在は文化庁に所属しております。
本日は学習指導要領とGIGAスクール構想を両方担当した経験も踏ま
え、お話しできればと思います。

1. 新学習指導要領がめざす学びの在り方とは

　まず、新学習指導要領の構造についてです。今回の学習指導要領は
「社会に開かれた教育課程の実現」を大きな理念としていて、その手段
として各学校における「カリキュラム・マネジメント」の実現を中心と
する構造になっております（図表6-1）。本日は、授業外学習の重要性な
どのお話も多く出てきていますが、学習指導要領は基本的に教育課程、
つまり授業を中心に考えていくことになります。

　この中で特に重視するのが、「何ができるようになるか」という視点

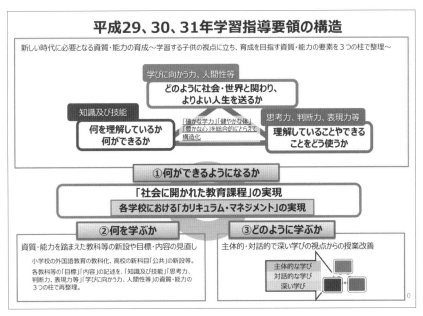

図表6-1　平成29、30、31年学習指導要領の構造

です。いわゆる学力の3要素を踏まえながら、新しく資質・能力という言葉で「知識及び技能」「思考力、判断力、表現力等」「学びに向かう力、人間性等」の3つの柱で整理しています。2番目が「何を学ぶか」で資質・能力を踏まえた教科等の新設や目標・内容の見直しなど、今回の改訂でかなり構造化しています。3番目が「どのように学ぶか」で主体的・対話的で深い学びの視点からの授業改善となっています。

　次に、高校の授業について、カリキュラム・マネジメントの観点から見ていきます。高校の先生方で、学習指導要領の総則を読まれた方は実はあまり多くはないのではと思います。学習指導要領を理解するために、まずは総則をご覧ください（図表6-2）。

　今回の改訂では、まず新しく前文ができました。前文では、教育の在り方をどう具体化していくか、学校が子どもたちにどういう教育をした

高等学校学習指導要領（平成30年）目次（抜粋）

前　文
　　（略）これからの学校には、こうした教育の目的及び目標の達成を目指しつつ、一人一人の生徒が、自分のよさや可能性を認識するとともに、あらゆる他者を価値のある存在として尊重し、多様な人々と協働しながら様々な社会的変化を乗り越え、豊かな人生を切り拓き、持続可能な社会の創り手となることができるようにすることが求められる。このために必要な教育の在り方を具体化するのが、各学校において教育の内容等を組織的かつ計画的に組み立てた教育課程である。（略）

第1章　総　　則
　　第1款　高等学校教育の基本と教育課程の役割 ── ①何ができるようになるか
　　　　5　各学校においては、生徒や学校、地域の実態を適切に把握し、教育の目的や目標の実現に必要な教育の内容等を教科等横断的な視点で組み立てていくこと、教育課程の実施状況を評価してその改善を図っていくこと、教育課程の実施に必要な人的又は物的な体制を確保するとともにその改善を図っていくことなどを通して、教育課程に基づき組織的かつ計画的に各学校の教育活動の質の向上を図っていくこと（以下「カリキュラム・マネジメント」という。）に努めるものとする。
　　第2款　教育課程の編成 ────────── ②何を学ぶか
　　第3款　教育課程の実施と学習評価 ────── ③どのように学ぶか／④何が身に付いたか
　　第4款　単位の修得及び卒業の認定 ──────
　　第5款　生徒の発達の支援 ───────── ⑤一人一人の発達をどのように支援するか
　　第6款　学校運営上の留意事項 ─────── ⑥実施するために何が必要か
　　第7款　道徳教育に関する配慮事項
（以下略）

1

図表6-2　高等学校学習指導要領（平成30年、抜粋）

いかを考える上で、非常に重要なのが教育課程であることが明記されています。

　その上で、総則が第1款から第7款で構成されています。まず第1款は「①何ができるようになるか」です。カリキュラム・マネジメントとは、教育課程に基づいて組織的かつ計画的に各学校の教育活動の質の向上を図っていくこととしています。先ほどの溝上先生や濱中先生のお話でも大変大事なこととされていました。教育課程は学校が意図的に教育活動の質の向上を図ろうとするものです。したがって、各学校がどういう教育をしたいのかという視点で考えたときは、教育課程を中心に据えて考える必要があります。それがカリキュラム・マネジメントの基本的な考え方です。

　第2款からは、まず教育課程の編成として「②何を学ぶか」、教育課

程の実施として「③どのように学ぶか」、学習評価として「④何が身に付いたか」としています。高校の場合は、単位の修得及び卒業の認定があり、これも「④何が身に付いたか」です。高校は単位があるため、その修得が重要な関心事項になりがちですが、そこに意識が引っ張られすぎないようにすることも重要です。また、生徒の置かれている状況は一人ひとり違いますので、第5款「⑤一人一人の発達をどのように支援するか」も重要な視点です。最後に第6款学校運営上の留意事項として、「⑥実施するために何が必要か」も大変重要な視点です。総則はこうした構成となっています。

続いて、具体的に何を学ぶかに関連して、各教科・科目がどうなっているかをご覧ください（**図表6-3**）。これまでの学習指導要領では目標や内容を一文で表現していましたが、今回の改訂ではそれらを分けて表

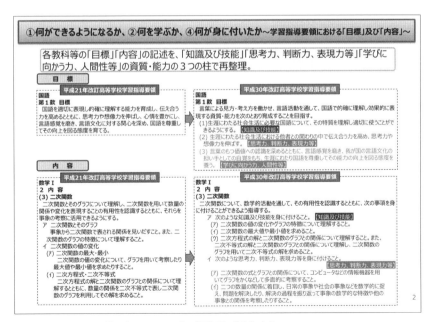

図表6-3　学習指導要領における「目標」及び「内容」

現しています。もちろんこれまでも「知識及び技能」「思考力、判断力、表現力等」「学びに向かう力、人間性等」に近い概念はありました。従来はそれらを一文で表現していたのを、(1)(2)(3)と分けて、構造的にしたということです。

　内容についてはどうでしょうか。たとえば数学Ⅰでは「ア　二次関数とそのグラフ」を見ると、これまでは「見いだす」という考えの話と「理解する」という知識の話が混在しています。それが今回の改訂を見ると、「次のような知識及び技能を身に付けること」「次のような思考力、判断力、表現力等を身に付けること」と項目別に分かれています。このように、どの教科・科目でも、基本的にこの構造になっていることがまず大事です。ただ、一方で、これによって「学習指導要領が分厚くなった」と指摘されました。これは、書いてある中身をご覧いただくと分かりますが、内容が増えたわけでなく、項目別にしたことで文字数が増え、ページ数が増えたためです。ページ数が増えた分、内容が増えたわけではまったくないということはご理解いただきたい点です。

　また、ここで重要なのは、学習指導要領が評価規準のベースとして活用できるという点です。学習評価は、学習指導要領と同じく、基本的に「知識及び技能」「思考力、判断力、表現力等」「学びに向かう力、人間性等」で項目が分かれています。たとえば、先ほどの数学Ⅰの二次関数では、「理解すること」を「理解している」と言い直し、A、B、Cと評価していく。実際はもっと具体的に細かく、より現場に合わせた形になるでしょうが、このように学習指導要領が評価規準のベースにもなることは、かなり大きな変更点だろうと思います。

　そしてもう一つ、今、技術的に進めているのが学習指導要領のコード化です。学習指導要領の本文一つ一つにコードを付けています。コード化することによって、そのコードと教科書、学習指導要領の解説、評価

の規準を結び付けるといったことが可能になります。これにより、より効率的、効果的にカリキュラムを組むこともできます。また、教科等横断的な学習を行うときに、キーワード等で結び付けるようなことも可能です。これは、今後の学習指導要領をベースとした、教育課程の改善のために、かなり大きな話であると思っています。

　ここまでお話してきた、資質・能力の育成、主体的・対話的で深い学びと、個別最適な学び・協働的な学びの関係を整理したイメージがこちらです（図表6-4）。まず左下の「一人一人の発達をどのように支援するか」が大事です。個別最適な学びという概念は『令和の日本型学校教育答申¡』で出ている言葉で、学習指導要領では「個に応じた指導」と表現されています。「個に応じた指導」が教師視点で「個別最適な学び」

図表6-4　資質・能力の育成、主体的・対話的で深い学び及び個別最適な学び・協働的な学びの関係イメージ

が学習者からの視点だとご理解ください。この「個別最適な学び」や「協働的な学び」を、一人ひとりの発達をどのように支援するかという視点で改善・充実していく。中村先生がおっしゃったように、生徒一人ひとりの状況に応じてどのような学びが良いかを、先生も生徒も考えることが大事だということです。

　また、「主体的・対話的で深い学び」について、文部科学省はあくまで授業改善の視点として示しています。具体的にこの指導方法でなければいけないとはしていません。そして、最終的にめざすのが「何ができるようになるか」で、イメージ中央の「！」が付いた女の子のように、小・中・高でさまざまな学習をして、多様なキャリアを実現していくという関係になっています。

　学習指導要領の前文には、このような一文があります。

　一人一人の児童（生徒）が、自分のよさや可能性を認識するとともに、あらゆる他者を価値ある存在として尊重し、多様な人々と協働しながら様々な社会的変化を乗り越え、豊かな人生を切り拓き、持続可能な社会の創り手となることができるようにすることが求められる。

　これが小・中・高の学習指導要領すべてに載っており、今回の改訂の特徴の一つです。

「何ができるようになるか」の視点から大切なこと

　「何ができるようになるか」に関連して、海外の動きとしてOECDの「エージェンシーii」をご紹介します。これは、2030年に向けて世界

的にどのような方向性で議論すれば良いかを、関係各国がかかわって創った概念です。この議論では、生徒が社会に参画し、人々・事象および状況をより良い方向へ進めようとする上で責任を担うという感覚をStudent Agencyと呼んでいます。ただ、もちろん生徒一人だけで進めるわけではなく、周りのコミュニティや、生徒、教師、保護者が協働して取り組むというCo-Agencyが大事であることも提唱されています。世界的な文脈として、こうしたことが今言われているのです。

これらを踏まえて、本日の議論を「何ができるようになるか」という視点で考えていきます。

まず日本の法制度では、教育の目標として教育基本法第2条第3号に「公共の精神に基づき、主体的に社会の形成に参画し、その発展に寄与する態度を養うこと」と書いてあります。学習指導要領はその下に位置するものです。たとえば、「学びに向かう力、人間性等」とは、他の2つの柱「知識及び技能」「思考力、判断力、表現力等」をどのような方向性で働かせていくかを決定づける重要な要素です。つまり、「知識及び技能」「思考力、判断力、表現力等」をより働かせていくために、「学びに向かう力、人間性等」が基盤になってくるということです。

また、カリキュラム・マネジメントの実現では、教育課程全体を見渡して資質・能力を育んでいくことが重要です。特に高校の先生方は、それぞれ担当の教科・科目をお持ちで、他の教科・科目がどのようなことをやっているか分からない状態で、カリキュラムが動くケースもあるかと思います。ここで大事なのが、学校全体でどのような教育課程を編成・実施し、どのような生徒を育てたいか、先生方皆さんが同じ思いで進めていくことです。それぞれが別々の思いで進めてしまうと、教育の効果は発揮しにくいでしょう。小・中学校は言うまでもなく、高校段階でも、そこにしっかり取り組むことが重要です。

2. 学校と社会をつなぐ調査から見た 高校教育への期待

　学校と社会をつなぐ調査の最終調査結果を見て、資質・能力が高校から大学へすんなり上がっているのは、濱中先生もご指摘されましたが、私も個人的には意外でした。自分自身の経験としても、大学の学びと高校の学びは異なるという感覚はありますが、それがデータには現れていなかった。そして社会人の学びは、おそらく大学までと比べて社会は相当厳しいから落ちているのだろうということは、アカデミックではありませんが、私も経験的にまったくそのとおりかと思います。

　こう考えたときに、私が今、高校教育に期待しているのは、高校の学びをいかに探究的な学びにしていくかという点です。たとえば「総合的な学習の時間」が今回の改訂では「総合的な探究の時間」になりました。小・中学校よりも探究的な学びになるようにとの思いを込めてという理解ではありますが、そこから大学で花開いていくような方向感が望ましいと考えています。

　また、教育課程全体を見渡していくことも重要になります。たとえば高校であれば、それぞれの教科・科目は非常に専門性が高く、細分化されています。専門化・細分化も大事ですが、それぞれの教科・科目でバラバラに取り組むよりも、教育課程全体でどう働き、その中でどういう役割を果たしていくかを、先生方が常に意識しながら取り組むことが大事だと思います。高校の先生方は、それぞれの教科・科目で高い専門性をお持ちですが、その専門性の高さを生かすために教育課程全体の中で自分たちがどういう役割を果たすかを考えることが重要ではないでしょうか。

育成をめざす資質・能力と学習評価をどう考えるか

板倉 寛 ✕ 溝上 慎一

育成をめざす資質・能力と学習評価をどう考えるか

溝上 板倉さん、ありがとうございました。板倉さんは教育課程企画室の室長をされていたときに『令和の日本型学校教育答申』をとりまとめられた中心の方です。その後、コロナが拡がって、GIGAスクール構想を推進する部署に移られて、また大活躍されました。このようにご紹介すると、特に高校の先生方には板倉さんが今日ここにいる理由がお分かりいただけるかと思います。

　まず一番お伺いしたいのは、資質・能力についてです。先ほどから、本調査の資質・能力は抽象度の高いところで測定されているという話をしてきました。一方で、学習指導要領の各教科の学習評価というのは、かなり個別具体的なレベルで取り組まれている。同じコミュニケーション力という場合でも、抽象度がまるで違います。

　各教科では、各教科の個別具体的なレベルで観点別に資質・能力の評価をするように指示、指導がなされていますが、世の中的には汎用的な資質・能力もめざしましょうとなっています。本プロジェクトの調査項目は、どちらかといえば、汎用的な資質・能力を扱っています。このあたりのギャップを、文部科学省としてはどのように考えているのかを教えていただけますか。

板倉　まさにそのとおりで、今までの高校教育というのは、先ほど単位修得への関心がどうしても大きいという話をしました。学習評価で言いますと、最終的な5、4、3、2、1などの総括的評価を重く取り扱ってきたということはあります。高校でより強く、小学校は一番弱かったという認識です。そうした状況で、今回の改訂で学習評価について議論する中で、そもそも総括的評価はなくした方が良いのではないか、という議論もあったように聞いています。

溝上　そうですか。

板倉　はい。さらに言うと高校では、これまで観点別学習状況の評価が実質的にはほとんどなされていないケースが多かったと認識しています。制度として取り組むことにはなっていたのですが、実質、高校の先生方が「主体的に学習に取り組む態度」を育てようという意識を持って学習評価を行っていたかというと、必ずしも十分な認識はされていなかったこともあります。そこで今回の改訂では、技術的に言うと指導要録の様式も変えて、より意識的にそういうことをしなければいけないような仕掛けは作ったというのが現状です。

汎用的な資質・能力とスクール・ポリシーの役割とは

溝上　それでも、やはり各教科での学習評価を、いろいろ構造化しながらも、そこから抽象度を上げていかないといけませんよね。各教科の固有領域を超えた、たとえば生徒の汎用的なコミュニケーション力などの資質・能力をどのように扱っていけばいいのでしょうか。カリキュラム・マネジメントとか、そちらにつながっていく話になるのかもしれませんが。

板倉　そうですね。そうした資質・能力を扱う実際の具体的方法という

ことですと、重要になるのが、先ほどから申し上げている、学校が子ど
もたちにどういう教育をしたいのか、というところです。

溝上 そこですよね。

板倉 そこがポイントだと思います。スクール・ポリシー、カリキュラ
ム・ポリシーをどう作っていくかが、大事になってきます。その中で、
たとえば、総合的な探究の時間などをうまく使いながら、各教科・科目
で学んだことをしっかりと探究する場所、教科等横断的な視点で探究し
て学べる場を設定していくことが重要になってくると思います。

溝上 スクール・ポリシーも、『令和の日本型学校教育答申』でしっか
り落とし込まれ、高校でのスクール・ポリシーをこういう感じで考えて
いきましょうと提示していたかと思います。私はこれを、大学の教学マ
ネジメントや三つのポリシーⅲなどに対応するものだと思っています。
大学でいえば、124単位を取り学位を取得するというだけではなくて、
学部や大学全体でどういう学生を育てたいのかという教育目標、ディプ
ロマ・ポリシー、まさにそこで資質・能力を定めて、カリキュラム・ポ
リシーから授業にブレークダウンしていく。それと同じことが高校でも
求められたのだと理解しました。現状としては、そういう方向でいきま
しょうという段階なのでしょうか、何かアクションにつながっているの
でしょうか。

板倉 私は、直接は高校教育の担当ではなかったのですが、そのときの
議論で問題意識としてあったのは普通科高校の今後の在り方です。専門
高校はもともと何をしたいかということが明確な学校が多いと認識して
いますが、圧倒的に多くを占めている普通科高校を今後どうしていくか
というのが一番の課題でした。もちろん、普通科高校の中でも、そうし
たスクール・ポリシーを定めて先行的に進めている学校もあります。そ
れらは大学の動きを見ながら進められてきたわけです。しかし、これま

で学校の評判が、いわゆる偏差値であったり、大学への進学実績や部活動での実績みたいなものに引っ張られていた面があり、そこだけをめざす高校教育になっていないかが問われてきたということです。

　とはいえ、どの高校も置かれている環境により、めざす教育は全然違ってくると思います。私も、島根県に3年間出向して働いておりましたが、もともと島根県に超進学校はございません。東京都の高校を議論するときとは異なった視点が必要です。高校の置かれている状況が全国でもいろいろある中で、この高校教育をどう作っていくのかが重要になるわけです。その中で共通して言えることは、社会に開かれた高校にしていくことが大事ということです。

溝上　つまり、高校教育全体を見て「できている」「できていない」ではなくて、専門学科の高校などはある程度方向性を持っている一方、普通科、特に大学につながっていく進学校などは、スクール・ポリシーのような取り組みが組織的に弱いため、まずはそこから改善していこうということですね。難しいところではありますが、高校と大学を組織的につないでいく最後のところは、スクール・ポリシーの実現だと言えそうですね。

学習者の全人格的なところを見とるためには

溝上　アセスメントについては、どう考えたら良いのでしょう。各教科で学力の3要素などとも対応させ、ルーブリック等も使いながら、観点別に評価していくということについては、現在、高校の先生方はご苦労されながらも取り組みが進んでいます。でも、これは教科の中で具体的な水準ではちょっと上がるけれども、「数学は数学でこうだよね」「英語はこうだよね」と、別々なんですよね。その人なりの全人格的なとこ

ろをどう見ていくのでしょう。

板倉 先生方の中には「正確に総括的評価をしたい」という思いがある方がかなりいらっしゃいます。何かあったときに「この評価はこういう基準で決まっているから正確なんだ」という意識に引っ張られる。その度が過ぎるとゆがむ可能性があることを、まず申し上げたいと思います。

　学習評価で言うと、「学びに向かう力、人間性等」、特に「人間性等」については、そもそも総括的評価になじむものでないものを含むことから、「主体的に学習に取り組む態度」が総括的評価の対象となっています。学習評価は、数値化になじまないものもかなり含まれているわけです。学習評価を考える際には、総括的評価になじまない部分をきちんと見とることが極めて大切だと思います。

　先ほど、大学が大規模授業ばかりでは声かけできないという話がありましたが、つまり総括的評価では拾えない生徒の頑張りをちゃんと見とって、声かけすることが大事です。それがゆがんで、数値化できる部分ばかり重視してしまうと危ないというのは、高校も同じだと思います。総括的評価に引っ張られないようにしながら、高校としてこういう生徒を育てたいという目標を、いかにきちんと先生方皆さんで合意できるかが大事です。校長先生がそういう思いを持っていることは大前提ですが、校長先生だけではなく他の先生方も含めてそう思えるかどうかが大事だと思います。

個に寄り添った取り組みを教育行政はどう見るか

溝上 ところで、板倉さんに聞くことではないかもしれませんが、先ほど濱中先生のところで、マシュマロ・テストから非認知能力の話などがありました。この辺りについて板倉さんは、どう捉えていますか。幼少

期からの発達の積み上げがあり、一方、中村先生も強くおっしゃっていましたが、できない子ができるようになっていく。濱中先生からも、高校でできなかった子が、敗者復活ではないけれど、大学で挽回するような機会の提供をなどの話がありました。

このように考えると、大きな流れでは調査分析で示してきたような統計的な結果がありますが、他方で個の児童・生徒・学生を見ていくと、いろいろと成長はありますよね。全体では変わりにくいという発達の問題がありながら、個に寄り添った取り組みがある。この辺りを教育行政としてどういう視座で見られているかをお聞きしたいです。

板倉 大変難しいご質問ですが、「個別最適な学び」という概念は、それに対する視点なんだろうと思います。生徒の発達の支援は、いろいろなことを視野に入れて作っている項目です。それこそ不登校の子であったり、障がいのある子であったり。まず、いろいろな視点で子どもたちが置かれている状況に応じた教育が必要だろうというのが一つあります。

違った視点で申し上げると、学びに向かう力の重要性です。今後、ライフステージがどんどん変わっていくと当然、仕事の仕方も変わってきて、終身雇用が当たり前ではなくなることを前提に物事を考えなければいけません。そうしたとき、働く中で自分が成長しているというような機会をどうやって見つけるか。逆に言うと、新しい環境に飛び込んでいくのはストレスが溜まることなので、それに耐えられるような育て方をしなければいけない。最近はレジリエンスとも言いますが、どうやって学び続けられるような力を付けていくかが、大事になってきています。

人は、さまざまなライフステージで学び直しを行うことで、何度も大きく成長する可能性もあると思います。また、発達とは、おそらく客観的に積み上げていくもので、自分自身が気づいていなくても発達している、ということはよくあるでしょう。ただし、学びというのは、生徒自

身がどうやって自分が成長していると主観的に思えるか、先生が生徒の成長を見とり、それを生徒にどう気づかせられるかが大変大事で、どうしたら成長のサイクルを何度も作れるか、その数を増やし、質を上げていけるかが、大事だと思います。

　発達で言えば、幼少期が大事だというのはあると思います。しかし、これから人生100年時代を考えていく中で、60代、70代、80代になっても成長できるような人を、どれだけ多く育てられるかが、教育政策の重要な視点になるでしょう。

溝上　「個別最適な学び」という概念を出していただいたのは、良かったと思います。ある一つの学習目標を到達していくプロセスには多様な経路があります。それを可能な限り個に寄り添って、多様な経路を作り出してあげることが、「個別最適な学び」の一つとして大きく打ち出されています。そこにICTの活用なども入れていこう、ということですね。もう一つは、個性的な学び、学びと個性的な成長と言いますか、そうしたサイクルを生徒、大学生も含めて子どもたちに作っていくべきという考えが大事だと思いました。

　そのようなお話をするのであれば、やはりキャリアですよね。私が皆さんにお伝えしたい大きな課題の一つは、私たちが「キャリア意識」「キャリア教育」「キャリア形成」と言うときの「キャリア」の説明が、まだまだ大雑把だということです。「将来への良い意味での影響の及ぼし方」というのが本当はあるのですが、それを拾い切れていない。

　たとえば、小学生がある課題に取り組むとき、自分の将来を考えて取り組んでいるわけではないですよね。そういう意味でのキャリアはない。けれども、ある課題に向かって、自分はやれると思うような自己効力感はあります。あるいは、やりたいと向かっていく感情というのも結構あります。何秒か単位の中で起こっている認知的な情報処理で、これ

は後々、数か月あるいは1年、2年という単位でキャリアにつながっていくものだと思います。大学生のキャリア教育に関する研究で、自己効力感の変数とキャリア意識の相関の高さは結構報告されていて、その原点はおそらく幼少期、児童期にある。そう考えると、今おっしゃった、子どもであっても個性的な成長に向かって学んでいく。短いけれども時間軸が絡んだキャリア意識というのが大事で、子どもたちが未来に向かって頑張ろうと思える環境を作ってあげるのが教育には大事なのでしょう。

探究が初等中等教育・大学教育をつなぐ

溝上　板倉さんの議論の中で、もう一つおもしろかったのが、探究を媒介としながら高校と大学をつないでいくというところです。大学に進学する層に限定しますが、かつて高校までは詰め込みが中心で、大学からは詰め込みの学習から解き放して自律的な学習に転換する、あるいはそういう意味で初年次教育を充実させるという話がありました。だけど今は状況が違いますよね。高校でも、かなり自律的な学びが進められ、まさに主体的・対話的で深い学びがそうですし、学力の3要素として、教科の知識・技能だけが前に出ているわけではないというあたりですね。

　もう一つ重ねてお話しすると、たとえば、探究というのは、社会について課題・問題を発見して解決していくとよく説明されます。しかし本当は、大学教育の中でも、プロジェクト学習とは限らないけれども、教養教育として社会を考えるいろいろな時間があったんですよ。だけど今は高校でもやっていますよね。もっと言えば小・中学校でもその段階ごとに、それなりのものをやっている。そう考えると、かつては高校と大学の間に断絶があることが一つの教育観でしたが、今はかなり連続的に

なっていると言えます。初等中等教育行政で、大学までの接続を狙って探究を置いたわけではないですよね。こうした接続、連続性については、どうお考えですか。

板倉 そうですね、初等中等教育の置かれている状況が変わってきているというのはあるのだろうと思います。これまでも個別ではさまざまな学校で探究的な学習を重視する動きはありましたが、面としての動きは、幼児教育で子どもたち一人ひとりの主体性を生かそうという方向が最初にあったというのが、私の認識です。その考え方が小・中・高と上がってきたと捉えています。それが大学以降で求められている学びとつながってきている、というのが大きな文脈ではないでしょうか。逆に言うと、探究が、ある意味教育をずっと一気通貫で大事にする視点になってきている。おそらくここが、今の教育の大きな変革のキーポイントではないかと思います。

溝上 一気通貫とは、共通する・通底するという言い方ですかね。これは言い過ぎかもしれませんが、結果的には、探究的な学びが幼少期から大学まで、あるいは教育というものをつないでいく柱になっているとも感じます。

板倉 私もそう思います。それは結局、探究的な学習というものが社会で求められるようになってきているのだと思います。昔であれば会社に入って、会社がしっかりと生涯面倒を見るということが前提になっていて、その組織文化に浸ることが重要でした。これからは、社会自体がかなり不確実性が高くなっていく中で、職場をどんどん変えていったり、あるいは学び直しをしていったり、相当な変化が予想されます。そのためOECDもエージェンシーというワードを創っているという認識です。こうした変化に対応できるような学習スタイルに変わってきているという大きな流れなのだと思います。

OECD「エージェンシー」をどう捉え、育てていくか

溝上 エージェンシーは、私も大好きな概念で、皆さんからもよく質問を受けます。「結局現場はどうしたらいいんですか」と。

何度も言いますけど、非常に抽象度の高いところで、資質・能力が発達的に幼少期から規定されている現実はあると思います。けれども、そこから抽象度を個別具体な経験世界まで下ろしていくと、結構、人は成長するんですよね。学校で言えば、教科の授業やクラブ活動とか、大学でも授業やアルバイト、インターンシップなど経験世界に近いところ。私たちはこの個別の経験世界のところ、顔の見えるやり取りの中で伸ばしていく、成長させていくことが一つ一つ実践的な基本であり、それがエージェンシーなのだと思います。

つまりエージェンシーというのは、OECDは広く社会の課題とかも拾っているけれども、もともとの原義は課題に対する前のめりの取り組み方です。その課題を、学習課題から社会課題まで拡げていったのがOECDだと、私は理解しています。だから、そういう意味では徹底的に向き合わなければいけないのは、課題に対する子どもたちの向き合い方、これこそエージェンシーということではないでしょうか。

板倉 おっしゃるとおりですね。その上で、最後に高校や大学でエージェンシーを育てることをどう実現していくか、別の視点を提示すると、学校というのは安心して間違えることができる場所であることが大事という点です。つまり、安心して発言ができるような環境をいかにつくっていくか、そうした環境がエージェンシーを育てる上でも基盤になっていくのではないでしょうか。そして学校だけではなく組織においても、安心して間違えることができる組織の方が、クリエイティビティも育つでしょう。組織をつくる上でも、個々のエージェンシーを伸ばせ

るような環境をどうやってつくっていくかの議論を深めていければと思います。

【コメント&ディスカッションを終えて】溝上 慎一

　本調査で扱った資質・能力は、抽象度が高いところでのアセスメントで、世の中で汎用的能力と呼ばれてきたものに近いものです。これは誕生以来の発達的に規定されるものでもあると理解しています。しかし、教育実践的に子どもを学び育てていくのは、個別具体的な水準での活動であって、それは学習指導要領での各教科の取り組みとなります。学習評価、観点別学習状況の評価も、この水準での評価をするようにデザインされています。汎用的な資質・能力の育成をめざしつつ、実際に子どもを具体的に学び育てるのは、教科等の具体的な活動を通してなのだと、板倉さんとの議論を通して確認したように思います。

i　中央教育審議会『「令和の日本型学校教育」の構築を目指して～全ての子供たちの可能性を引き出す、個別最適な学びと、協働的な学びの実現～（答申）』（2021年1月26日）
ii　OECD. (2020). Student Agency. https://www.oecd.org/education/2030-project/teaching-and-learning/learning/student-agency/
iii　2017年より各大学に一体的なものとして策定・公表が義務付けられた「卒業認定・学位授与の方針（ディプロマ・ポリシー）」「教育課程編成・実施の方針（カリキュラム・ポリシー）」「入学者受入れの方針（アドミッション・ポリシー）」のこと。各大学にはこれらに基づく体系的で組織的な教育を展開し、その成果を点検・評価することで、教育及び学修の質の向上に向けた不断の改善に取り組む「教学マネジメント」の確立が求められている。

非認知能力とマシュマロ・テスト
溝上 慎一

　1960年代から日本が学歴社会へと転換する中で、学力に代表される認知能力が子ども・若者の将来の成功を決めると、人びとの間で理解されるようになった。偏差値や受験競争、良い大学、良い会社に入れば人生安泰といった方程式も、認知能力を基礎とする学力、さらには学歴社会に関連づけて叫ばれてきたものである。

　ところが近年、学力に代表される認知能力だけで人の将来の成功が決まるわけではなく、非認知能力の重要性が盛んに叫ばれるようになった。その火付け役となったのはアメリカのノーベル経済学賞受賞者のヘックマン i の研究である。簡単に言えば、子どもの人生の成功には学力に代表される認知能力だけでなく、非認知能力（肉体的・精神的健康や忍耐強さ、注意深さ、意欲、自信など）が大きく影響していて、その育成に幼児期の教育環境が重要であるという主張である。

　ミシェル ii の「マシュマロ・テスト」も、この文脈でよく紹介されるものである。マシュマロ・テストは、与えられたマシュマロをすぐ食べないでじっと我慢できる忍耐強さを示す実験であるが、そこでも将来を見据えてセルフコントロールを働かせられる非認知能力が、人生の成功を導く重要な基礎になると主張されている。

＜詳しく学びたい方に＞

· 森口祐介（2019）．自分をコントロールする力 ― 非認知スキルの心理学 ―　講談社
· 小塩真司（編）（2021）．非認知能力 ― 概念・測定と教育の可能性 ―　北大路書房

---

i　ヘックマン（2015）を参照。なお、ヘックマンは「非認知スキル（non-cognitive skills）」と呼んでいるが、ここでは世の中の使用に合わせて「非認知能力」と呼んでいる。ヘックマン, J. J.（著）大竹文雄（解説）古草秀子（訳）（2015）．幼児教育の経済学　東洋経済新報社
ii　ミシェル, W.（著）柴田裕之（訳）（2017）．マシュマロ・テスト――成功する子・しない子――早川書房

第7章

特別対談

これからの
学校教育を考える
──「学校と社会をつなぐ調査」を受けて

真下 峯子
×
溝上 慎一

溝上　真下先生、本日は、どうぞよろしくお願いいたします。真下先生には本調査を、スタートの時点からずっと見ていただいています。先日（2022年10月1日）の最終報告会＆シンポジウムにもご参加いただきました。まずは、どんな感想をお持ちになりましたか。

真下　当日オンラインで参加して、その後もアーカイブ映像を見返しましたが、まずは「衝撃」でした。これまでの調査報告でも、すでにキャッチしていたことではあるのですが、高校2年生時点の資質・能力が、大学に入っても、あまり変わっていかないということで、中等教育に携わる者として、改めて責任の重さを感じているところです。

溝上　でも、私は、高校の先生がうらやましいですよ。最終報告会でも「発達」と「成長」は分けて考える必要があるということを議論しました。大学生になると、発達という面では、それほど大きく変容していかないけれど、成長はしていきます。大学教員を20年間やっていますが、大学人としては、その成長が、自分たちの教育の成果なのか、学生が自分で勝手に成長していっているのか、なかなか分かりづらいのです。高校生というのは、発達の最後の飛躍の段階です。そこに立ち会えるというのは、やはり、うらやましく思います。

資質・能力の育成と学校の教育活動全体のアセスメント

真下　まず考えたのは、高等学校でどんな教育を展開して、生徒の資質・能力がどれぐらい育っているのか、自分たちがやっている教育活動を客観視する必要があるということです。10〜15年ほど前から、学校での活動を通して、生徒たちにこういう力が付いている、こういう力は付いてないというアセスメントの仕組みが必要だと思っていたのです

が、その頃の学校現場では、アセスメントしながら教育活動を進めていくという文化がありませんでした。また、それをスキルとして実践できる先生たちも、管理職のマネジメントの力も足りなかったと思います。

溝上 その当時は、「大学につなげる」という発想もなかったですよね。

真下 そうですね。「大学に送り込む」という考えはありました。「いかに合格させるか」、つまり「合格のための力＝テストで点が取れる力」という発想しかなかったと思います。

溝上 その頃に、真下先生が勤務されていた学校に伺いましたが、「大学に送り込む」を前提としながらも、生徒たちは発表やスピーチなど、いろいろな活動、今でいう主体的な学びや探究などに取り組んでいましたね。

真下 そういう活動を通して、生徒たちの進路、大学の選択肢が広がっていくのを私は実感していました。1年生のときには「この大学に進学する」と言っていた生徒たちが、自分の力が付いてきたから、もっと別の大学でいろいろなチャレンジをしたいと言い出しました。

溝上 私も、そのときに生徒たちとお話させていただきました。1時間以上生徒につかまって、帰してもらえなかったのを覚えています。素晴らしかったですよ。

真下 あの頃の生徒たちは、15年ほど経って今さまざまな企業で仕事をしていますが、今でも私のところや、学校に戻ってきては、あの頃の話をするんですよ。高校時代にのびのびと自分がやりたいことを考えたり、それをどう実現するかを考えたこと、それから、学校がそういうことを考えるきっかけをくれたという話をよくしています。

溝上 素晴らしいです。だいたい生徒たちの進路希望は、学年が上がるにつれ、どんどん狭まってしまって、自分の選択肢の幅が縮まってしまうものです。

真下 生徒の進路が広がる実感はあったのですが、アセスメントとなると、一人ひとりの先生が持っている能力に依存してしまいます。やれる先生とやれない先生がいて、それでは駄目だと思っていました。自分たちがやることはどこまでで、あとまだ残ってる可能性はどこで、生徒の伸びしろがどこにあって…そういうことを踏まえて教育活動を展開していく。それを支援する客観的な仕組みが必要だと思っていました。その頃に、河合塾の大学生の資質・能力を測る仕組み（PROG i ）のことを聞いて、それを高校生にも使えないかとも考えていました。

溝上 つまり、「自分たちがこういうことをやってる。それによって、生徒たちには、こういう力が付いてくる」という発想を個々の教員が持ちながら、生徒の資質・能力のレベルをアセスメントして、教科に限らず、学校全体として育てていくということが必要だということですね。

抽象度の高い概念世界の能力と、具体的な経験世界の能力

真下 私は女子校での勤務経験が長いのですが、学校説明会で保護者向けにお話していることがあります。今の時代の女子校の使命は「女子生徒の能力の開発」であると。開発とは"development"つまり発達ですね。もともと生徒が持っている能力を見つけて、花開かせて、変異させていく。「開発と変異」が、私の好きなキーワードなのです。その変異を、自分の考えをいかに表現できているか、つまり溝上先生がおっしゃられるところの「外化」で生徒たちを見ていこうと考えています。

溝上 それでは、アセスメントの前に、そこで測る生徒の能力について、話しておきましょう。今、先生がおっしゃった「外化」とは、「自分の考えや理解を自分の言葉で説明できる」といった、具体的なレベル

での能力を指しています。本調査では、資質・能力に関する質問を高校生から大学生、社会人へとつなげて、その変化を見てきました。ただし、この資質・能力は、非常に抽象度が高いものです。ジェネリックスキルと呼んでもいい。ひとくちに「コミュニケーション力」と言っても、実はいろいろな領域で力は異なっていて、あるところではコミュニケーション力がとても高いけれど、あるところでは弱いということがあります。たとえば、理科の授業では黙っている生徒が、国語や社会ではたくさん発言するというようなことです。これは、領域固有の力によるものです。領域によってコミュニケーション力が異なることを指しています。大学生のPROGや、高校での学びみらいPASS ii のアセスメントでは、抽象度の高い一般的レベルでの能力を測っています。これには、幼少期からの積み上げが必要です。でも、先ほど先生がおっしゃった、自分の将来を考えて、それをしっかり説明できるという具体的なレベルの力は、学校での活動を通して、その話の内容や話し方が変化して、十分成長していくものです。

真下　私たちとしては、抽象度の高いレベルの能力と、領域固有の具体的なレベルの能力を分けて見ていく必要があるということですね。

溝上　文部科学省が言うところの資質・能力の三つの柱も含めて、学校教育での基本的な課題は、抽象度の高いレベルの力を育成することだと思います。あるところではできても、別のところではできないということはできるだけ少なくしていく。デコボコがあるとしても、できるだけ多くの領域でしっかり議論できる、しっかり物を考えられる人であってほしい。進学校ではみんな真面目に活動に取り組むけれど、中堅以下の学校になってくると、ムラが出てきますよね。興味があるところでは熱心に取り組むけど、興味がなかったらそっぽを向いてしまうようなところがあるでしょう。それは、領域固有の偏向が大きく働いた結果です。

でも「それでいいよ」とは言いたくないのです。「それを生かして、もっと他のところも頑張れるようになったらどうだろう。だから、まず好きなところを見つけよう」と声かけしたりしますよね。そこで終わっていいとは誰も思っていないのです。そこから抽象度の高い力へと発展させていってほしいのです。

真下 学校現場でも、2：6：2の法則のようなもので、クラスの中でアッパー層、ボリューム層、ボトム層と分かれます。教育段階が前になるほど、ボリューム層より下のボトム層に関心が行くことが多いです。そこの指導に手をかけすぎて、パフォーマンスの高い層を伸ばしきれていないという課題もあるかと思います。

溝上 勉強ができる人は、小さい頃から抽象度の高いところを押さえて、力が積み上がってきています。幼稚園や小学校での学習は、日常的で具体的な経験世界から入っていきますよね。幼児教育では遊びを通して学んでいきます。遊びというのは子どもたちの生活世界そのもので、非常に具体的なわけですよ。目の前の経験世界を概念化して発展させていく。小学校も前半は同じです。教科の編成も、身近な世界から、だんだん行ったことのない場所とか、日常的には経験できない学習内容へ移っていきます。社会では、自分が住んでいる身近な地域の話から、日本全体の話になって、国際的な話にもなっていく。歴史も学ぶようになる。そういう非経験世界にどんどん入っていくのが、小学校から中学校・高校の学習の体系的な構造です。最初はみんな具体的なところを経験世界から概念化してきたわけですが、勉強ができる人というのは、その概念化したものを、経験的なイメージも伴って、そうして形式推論をどんどん重ねていくのです。これが積み上げ学習の実態です（**図表7-1**）。

そういう学習に十分に取り組めなかった人が、真ん中以下のボリュー

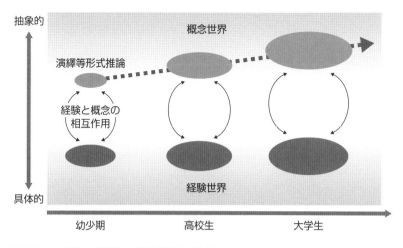

抽象的

概念世界

演繹等形式推論

経験と概念の
相互作用

具体的

経験世界

幼少期　　　　　高校生　　　　　大学生

図表7-1　経験に根差した概念世界の形成

ムゾーンになります。それまでの経験と概念が一体となって積み上がっ
ていないので、「概念的なレベルで勉強していこう」と言っても、なか
なか難しい。けれども、今先生がおっしゃったように、具体的なレベル
であれば、実は十分に取り組めるということが結構あるのです。

真下　ボリュームゾーンの生徒たちに対しても、どうしても抽象度の高
いところでの能力を求めてしまうので、物足りなくなるけれど、具体的
なレベルで取り組んでいけば、そこでは成長していくということですね。

溝上　どの教科・科目も、小学校から中学校、高校、大学と体系化し
ていますよね。高校のレベルは、やはり小学校・中学校を基礎として
発展させている前提があります。同じように、発達も積み上げなので
す。一つ一つの段階を積み上げていって、高校段階ではある程度資質・
能力が出来上がっているという事実が、本調査では確認できました。
もちろん、最初は、大学でもどんどん変わるような仮説を組み込んで
いましたが、大学生を見てきた私自身の経験から考えれば、多分そう

はなっていないだろうと思っていました。予想通りの結果が出たと思っています。

　まずは、抽象度の高いレベルで、できているか・できていないかを見ていく。その上で、先生方が生徒の日常的な姿から、具体的なレベルでできているか・できていないかを見る。そして、それをより抽象度の高いレベルで一般化できるか。このように切り分けて見ていけばいいと思っています。

仕事・社会で生かされる力と学校卒業後の成長

溝上　社会人を見ていく上で、ボリューム層以下がまったくダメなのかというと、決してそんなことはありません。本調査でも、生徒たちの資質・能力を「高」「中」「低」というクラスで表現しています。当然、「中」は「高」より下ということになりますが、それは相対的なものです。「低」クラスが絶対的に下なのかというと、そういうわけではありません。でも、テストの点数とか大学受験とかを思い浮かべながら、高・中・低というイメージが湧いてしまうでしょう。そこが私たちの調査の、いまだに解決できていない、大きな課題だと思ってます。どうして世の中の人たちは、高・中・低を絶対的なものとして理解してしまうのか。そこまで単純ではないはずなのですが、それに対して返答できる私たちの見方が、まだ出てきていないのだと感じています。

真下　「中」クラス、「低」クラスとされる子どもたちでも、彼らなりの成長はあるし、強みもあるということですね。先ほど「具体的なレベルであれば、十分に取り組める」というお話がありましたが。

溝上　経験レベルでできる子どもたちは、中位層以下に結構多くいま

す。先生がおっしゃっていた外化のレベルを見ると悪くないです。そこ
での取り組みは結構良いのですが、テストでは点が取れない。発達テス
トや学びみらいPASSなどのアセスメントでも得点は高くない。経験世
界で強い人と、概念レベルで強い人、それぞれがいるんですよね。他方
で大学を卒業して20代前半で求められるものは、どちらかといえば経
験世界。前向きに取り組んで、他者との関係をつくって、仕事を進め
ていく、つまりPROGでいえば、経験レベルのコンピテンシーですね。
こういう社員を会社が求めているので、たとえば、体育会系のクラブ出
身の学生たちの就職が良いわけです。

　ところが学力テストなど、概念的なところで情報操作する力や論理的
思考力といった資質・能力、PROGでいえばリテラシーは弱い。それ
は、やはり概念的なところだけでものを考えることが苦手だからです。
小さいときから積み上げられていない。でも、実は、会社の中の仕事は
結構具体的ではないですか。会社の商品とかテーマは決まっていて、他
社と比較して自分たちの強みを考えて、企画を立てたりする。それは、
私から言わせたら領域固有の世界です。だから、そこで求められる論理
的思考とか、いろいろ関連づけるといった推論の力が、果たして教科の
学力なのか。私は、必ずしもそうとは言えないのではないかと最近考え
始めています。

真下　概念レベルで思考できる子どもたちが、社会に出るとどうなるの
でしょう。

溝上　もちろん、概念レベルでできる上位層の人たちにも課題はありま
す。抽象度が高いところでの概念的な力はあるけれど、具体的なところ
が弱い人がいますよね。いわゆる「頭でっかち」「経験が足りない」と
言われるケースです。概念レベルでできる層にも、経験レベルでできる
層にも、両方に課題はあるのです。両方できれば最高です。

真下 今、お話しながら、私がかつて勤めていた県立の女子校の生徒たちのことを思い出していました。彼女たちは、コンピテンシーも高いし、リテラシーも高い。もちろん学力も高い。彼女たちが大学生になって15年ぐらい経っています。社会人になって、もともと高かった彼女たちの資質・能力も、そのままなのかというのも疑問です。ある年代の高さと、次の年代の高さは同じではなくて、高いまま移行するといっても、そこには発達があるのではないでしょうか。

溝上 もちろん、そこで言う高い・低いは、相対的なレベルで見ているだけです。絶対的に見ていけば、もともと能力の高い人も経験を積んで伸びているはずです。野球選手もそうじゃないですか。プロになるような人たちでも、高校や大学を卒業して入団したばかりの選手と、そこから大成して熟達していく30代では、やはりできることは全然違います。プロの世界の中でも、成長はあるのです。

　本調査でも、大きく高・中・低という程度でくくっているだけのことで、個人にはそこまで注目できていません。一人ひとりを見れば、一生変化していきます。そこそこ高いレベルで大学生になった生徒・学生は、それまでに積み上げてきたものがありますから、「落ちない」というのも一つの結果です。どうしても、変わらなかったことや、下の人が伸びなかったことに焦点があてられますが、落ちなかったということも、大切な結果です。

育成したい生徒像と
カリキュラム・マネジメント

溝上 先生の「外化で見る」というお話から、抽象度の高い概念世界の力、具体的な経験世界の力という話に広がっていきました。やはり、現

場の先生方は、具体的なレベルでのできる・できないというところを見ていきますよね。

真下　現場としては、生徒のいろいろな要素をすべては見切れないという課題があります。また、人によって見ているところ、指標にしているところが違ったりもします。教育実習生が授業案を作ると、資質・能力を全部見ようとして授業案を書いてきますが、とてもじゃないけど1回の授業ですべては見られません。その日の授業の中で指導しながら、授業目標と照らし合わせて、どこの観点で評価するのかと考えていくと、1つぐらいしか見られないと思ってます。

　そして、ある教科のある授業の一場面ではなくて、生徒たちの学校全体の中での立ち振る舞いをどう見ていくか。私は「知って・考えて・行動する」といつも言っているのですが、その行動を「外化」という視点で見ていくということです。

溝上　今の先生のお話は、カリキュラム・マネジメントのお話をされていますね。多くの学校では、先生や教科が"個人商店"として独立していて、それぞれの教科がつながっていなくて、一つの学校の生徒であるにもかかわらず、学校全体としてどう育てるのかということが、先生方の間で共有されていない。教科の知識だけは学習指導要領で定められているけれど、どういう力を付けたいかについて、学校全体の方向性がないわけです。今、先生がおっしゃっているのは、その方向性をしっかり定めて、教科の姿から学校の姿へ広げたいということですよね。それは、まさにカリキュラム・マネジメントです。

真下　確かに、そうですね。先ほどの「そこそこ高いレベルで大学生になった子は落ちない」という話と同様に、小学校で積み上げてきた子どもの資質・能力を、私たちが中学・高校で落としていないかというのも、心配なところです。現場の先生方がそういう視点で見られている

か、それを踏まえた教育活動を学校としてできているか、やはり責任は重いと感じます。

溝上　カリキュラム・マネジメントにおいて、本調査を踏まえて、みなさんに確認してほしいポイントを振り返っておきましょう。学校教育において最初に共有すべき目的は、発達的な積み上げを前提とした、抽象度の高いところでの資質・能力、学力であったということを受け入れられるか、あるいは認められるかという点です。もし、これが本当に確認されるのであれば、先ほどの先生の話にあったように、教科の中の話では済まないということになります。

　『令和の日本型学校教育答申ⅲ』にも「スクール・ミッション」「スクール・ポリシー」が出てきてます。大学においてアドミッション・ポリシー、カリキュラム・ポリシー、ディプロマ・ポリシーの3つの方針で教学マネジメントが進んでいることを踏まえると、高校においてもカリキュラム・マネジメントを実現していくのであれば、その上にスクール・ポリシーを置くという話になるだろうと考えていました。

真下　やはり、教科だけでは駄目ですよね。知識は教科の中のものですが、資質・能力は共通するものですから、ある教科で「こういう力がある」という生徒がいたら、それを他の教科にも広げられないといけないですね。

溝上　私たちは、生徒の学び・成長のプロセスにかかわっているので、領域固有かもしれないけれども頑張ったところは「頑張ったね」と認めながら、「この調子で、もっといろんなところも頑張れよ」と声をかけていくことになるのでしょうか。あるいは、何かもっと具体的な戦略があるのか。私は、まだないと思います。今、学校では「学校教育目標を立てて、カリキュラム・マネジメントでいろいろつなげていきましょう」と言ってはいるものの、どうつなげるのか、その方途は持っていな

いでしょう。アセスメントは両方出てくるようになってきました。観点別に各教科を見ていくということ、そして、全体を何で見るかは学校によって違いますが、最低限、学校アンケートのようなことはやっていますよね。さらに意欲の高い学校では学びみらいPASSなどのテストで汎用的な能力を見ています。だけど、育成という面で、教科から汎用的に広げていくのは、簡単なことではないですね。

教科の力を汎用的な能力に広げるには

真下 難しいです。だけど、私が先生たちと始めたことが一つあります。非常に難しいのですが、「自立して学習できる生徒たちにしましょう」という教育目標を掲げて、各教科の中で自立した学習者をどう考えて育てるのか議論して、そのための仕掛けを考えて、実際に授業で試しています。そして、それを他の教科の先生方と共有するというところまでやっています（**図表7-2**）。

溝上 いいですね。「自立的な学習者」という育てたい生徒像があって、

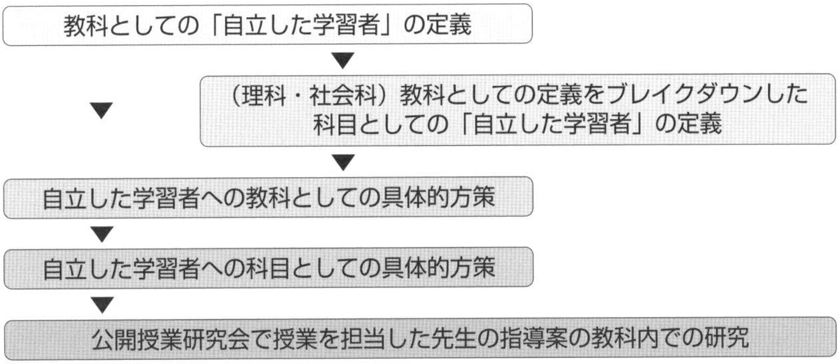

教科としての「自立した学習者」の定義

（理科・社会科）教科としての定義をブレイクダウンした
科目としての「自立した学習者」の定義

自立した学習者への教科としての具体的方策

自立した学習者への科目としての具体的方策

公開授業研究会で授業を担当した先生の指導案の教科内での研究

図表7-2　各教科・科目における教育目標の再定義

それを生徒たちにかかわるすべての教員が、「自立的な学習者を育てる」という目標にして、いろいろな活動の中で生徒たちを教育・支援するわけですね。学校として教育目標を持って育てていくというのは、そういうことなんだと思います。

真下　それで、今年の文化祭は考え方を改めました。これまでの本校の文化祭は、予定調和できちんと綺麗に仕上げることを第一に運営されてきました。それを、生徒たちが自分で考えて、作っていくという実感を持てるように、先生たちのかかわり方を変えてきました。生徒たちが「自分たちでやり切った」と思えるために、どういう仕掛けで見守っていくかを先生たちに考えてもらいました。

溝上　生徒たちが自分で考えて「我が事」として取り組んで、そして、その「我が事」の世界が何か質的に変わるという到達点が文化祭としての成果ですね。そこがなかったら成長ではないですからね。

真下　新型コロナウィルスの影響で、この2年間はオンライン配信を導入するなど制限された中での文化祭でした。一番最初に生徒たちが言ってきたのは「外部から人を入れて文化祭を開催させてほしい」ということでした。生徒たちには「それは分かった。ただし、その条件は、自分たちで全部やること」と示しました。先生たちにも、それを実現するために動いてもらいました。生徒たちは、そのプロセスで、客観視する力だとか、耐える力だとか、考える力だとか、コミュニケーションする力だとか、本当にいろいろな力を使いながら文化祭の準備をして、何とかやり抜いていました。

溝上　先生たちとしては、もうちょっとこういうふうに仕上げられれば良かったということがあったかもしれませんが、それは先生の視点でしかありません。やはり生徒の中で、本当に心の底から頑張って、一生懸命仕上げたものであれば、それでいいと思います。そして、次はどうす

るかですね。つなげていければいいですね。

真下　先生方には、この経験の中から生徒たちが獲得したものが何だったのかを振り返ってもらいます。これから先生方にアンケートを送って、一人ひとりの教員が考えたものを全教員で共有する予定です。

溝上　文化祭ではあるけれど、そのプロセスは文科省が言うところの「探究」のプロセスに近いですよね。今、自分たちが何をしないといけないかを考えて、テーマを立てて、一緒に作り上げていく。学習指導要領では「課題の設定」「情報の収集」「整理・分析」「まとめ・表現」といった表現が使われていますが、文化祭も落とし込んでいけば一緒ですよね。

真下　それで、この文化祭の準備や実施について、先生方へのアンケートの中で「『自立した学習者』について、先生方の定義は変わりましたか」という質問を入れようと思っています。これまではっきりと定義を持っていなかったとしても、先生方には、ここで改めて考えてもらおうと思っています。

溝上　変わったかの質問には「はい」と答えてほしいし、「はい」と答えてくれたら、次はそれを自分の教科の授業の中にしっかり生かしてほしいということですね。これはつなげていってほしいですね。このように教科以外のところで生徒がいきいきと活動する機会があると、だいたいの先生は「この子、こんなことを話す子なんだ」と驚きますよね。それは、つまり「子どもたちは領域が変わったら、動きが変わる」ということなんです。これは、教科の授業の中では先生方は知らないことです。

真下　その動きが変わることによって、違う領域でも動きが変わってくる。そうやって、成長・発達していくことを期待しています。

溝上　学術的には、この領域を超えた般化というのは、検証が難しいと

言われています。はっきりと結果を示せている研究は少ないと思います。でも一方で「領域を超えた般化が起こっていないはずがない」という学術的な推論の仕方もあります。ある一つのＡという領域から、みんなが同じＢという領域に移っていくのであればデータが取れますが、みんな最初は同じＡだけど、移る先がＢ、Ｃ、Ｄ、Ｅ…とバラバラで、何かは起こっているのだけれど、なかなかデータにまとまらないということが起こります。でも、実践的、経験的には、そこで般化が起こっているはずだという確信がありますから、実践的には信じてやっていくしかないですね。

真下　基本的な考え方としては、領域が違うところは、やはり、それぞれの領域の中で発達していくということですね。

溝上　もちろん、文化祭を頑張って、その影響で、他の教科も変化するということはあります。先ほどの「何かが起きている」ということです。でも、文化祭はとても頑張るのに、あらゆる教科が駄目という生徒もいるではないですか。その文化祭の頑張りから、少しでいいから次の他の段階に行けないか、そういう促しができないかと思いますよね。

真下　そここそが現場の力ですよね。現場で一人ひとりの生徒を見て、何かできないかと考えるのが教員の役割です。

生徒の発達段階を踏まえた教員の見とり

溝上　生徒を見ていくという点では、中高一貫校と単独校との違いもよく議論されるところだと思いますが、いかがですか。

真下　公立の高校だと、入ってきた生徒を「もう中学生じゃないよ」と大人扱いします。「あなたたちは、もう次の段階にいるんだよ。だから、そこからスタートしようね」というところから始まります。ところが私

立の中高一貫校だと、小学校から中学校に入ってきたばかりですから、生徒たちを子ども扱いすることが往々にしてあります。それがそのまま6年間続いてしまう。そこを飛躍させるためのステップがあることを先生たちが自覚しないといけないと、私は思っています。

溝上 メリット・デメリットの両方があるんでしょうね。中高一貫校では高校入試がないので、6年間をかけてゆっくりのびのびと育てられる。これはよく言われています。でも一方で、できない子もズルズルいってしまって、リセットできないという課題があります。それが、高校単独校であれば、先ほど先生がおっしゃったように、リセットできるというメリットがありますね。

真下 私も、県立高校のときには「中学校までのうまくいかなかったことは引きずらなくていいから、リセットしようね」と言ってきました。

溝上 ただし、難しいところもあります。高校に入学して、秋ぐらいまでは慣れるための適応期間で、ある意味つぶれてしまいます。そこからやっとエンジンがかかってきたら、もう高2の終わりで、受験に向かうことになる。本当の意味で手をかけられる期間は1年ちょっとです。それが、中高一貫校・中等教育学校であれば、最低4〜5年間はありますから、どちらを取るかですね。ただし、私立であれ公立であれ、単独校だと実質1年だから駄目かというと、そんなことは決してありません。公立の中学校がいろいろな形で生徒たちを結構育ててくれているんですよ。その子たちの良いところを高校はもらっているのです。あとはそれぞれの学校の文化に慣れるために1年かかるけれども、その過程でも、元々よく育ってきたものをもらっているんですね。正直なところ、どちらが良い・悪いと、そう簡単に言えないと思っています。

真下 先生たちのマインドなんですよね。中高一貫校だと生徒をずっと見てきているから「もう高校生なんだからね」という言葉はあまり出て

こないです。そこで、先生たちが、発達段階の違いを意識して生徒にかかわれると、どこかのタイミングで「もう大人だから」と言えるのですが。

溝上 桐蔭学園の中等教育学校の先生たちは、生徒の状況や自分が思ったことを、日誌に毎日書いています。それを読んでいると、結構、発達段階を踏まえていることが多いです。たとえば、男子と女子の違いです。女子は中1の頃にはそこそこ大人になっているのですが、男子はまだまだ子どもです。ところが、中3ぐらいになると、男子も少し大人になってきます。先生は、それを知っているので、男子が中1や中2で少々暴れたり、悪いことをしたりしても、「このプロセスをしっかり踏ませておかないと、中3になってから、いい意味での脱皮ができない」といったことが、よく日誌のコメントに書かれています。もちろん悪いことをしていいということではないのですが、教員としては、そういう発達を意識しながら対応しているということです。

真下 たぶん、中学校だけだったら「大変だ」ということで終始して、そこまでのコメントは出ていないでしょうね。

溝上 そこは、6年間見ている先生の経験でしょうね。「あの子は、あのとき大変だったけど、卒業する時には問題なく大人になっていたから、ここは我慢」と意識できる先生が、中等教育学校にはたくさんいるということです。

校種間のトランジションを意識した
クロスカリキュラムの取り組み

真下 私は今、小学校の統括校長でもありますから、小学校から中学校、中学校から高校へのトランジション、子どもの成長をつなげて見

て、私たちが今仕掛けていることが、どのように効いてくるのかを見ていきたいと思います。

溝上 最近では、政府の方針として幼稚園や保育所等から小学校にどうつなげるのかというところで、文部科学省の「幼保小の架け橋プログラム」が政策的に進んでいます。幼稚園や保育所等で、いろいろ頑張ってやっていることがあるんだけど、それを小学校の先生は知らないので、小学校に上がってきたらゼロベースで育てようとするんですよね。ゼロベースでできる子どもだったらいいのだけれど、できないところの不満を幼稚園や保育所等に言ったりするという問題があります。そこで、小学校に入ってくる前に、幼稚園や保育所等で、どういう保育をしているか、逆に、幼稚園・保育所が送り出す先の小学校ではどういう教育をしているのか、それをお互いに行ったり来たりしながら、クロスカリキュラムのような形でシェアしていくという取り組みが進んでいます。これを、小学校から中学校、中学校から高等学校でもやっていくことが、トランジションの実践的な方法の一つだと、私は考えています。

真下 それをやっていくことで、小・中・高とつなげて見ていくことができれば、自分の校種の学習指導要領だけを読んでいても理解できない、そこに込められている意図やねらいの理解も進みそうです。

溝上 今の学習指導要領はよくできていますよ。私は、今回の審議過程をずっと見ていて、あちこちに飛んでいたさまざまな議論が、こんなに綺麗にまとめ上げられるのかと感銘を受けたくらいです。しかし、現場の先生方が、綺麗に仕上がった文章から読み始めて、解説などで「こう書かれてます」となっていても、抽象的でピンとこない。先ほどの概念世界と経験世界の話と一緒です。だから、分かることを実践して経験を積んでいって、概念的な理解に上げていくことが教員にとっても重要なステップだと思います。

経験世界を概念レベルに引き上げる 「言葉の力」

溝上　これは中学・高校ではなく大学の話ですが、強化クラブの学生たちを、この1年間アセスメントしながら、ずっと追いかけて見ています。桐蔭横浜大学には、高校でいえば進路多様校と呼ばれるような高校を卒業した学生が多くいます。大学に入ってPROGを受けてみると、やはりリテラシーは低い。サッカー部は今年13人の選手がJリーグに入っていきますが、個人データを見ながら考えていたことがあります。たとえば、カタールでのワールドカップの1次リーグ2戦目に出場して活躍した山根視来選手は桐蔭横浜大学出身ですが、試合中に解説者が「彼は頭がいいですからね」と言っていました。サッカーの試合中、選手たちは、個人の能力だけではなくて、集団の中で今どういう状況なのかを戦略的に分析して、瞬時の判断を求められます。これは、頭が良くないとできません。

真下　私はバスケットボールをやっていたのですが、同じです。当時、顧問の先生から「バスケットはクレバーじゃないとできない」と言われました。

溝上　集団で展開がはやい競技は、やはり頭が良くなかったら、選手として物になるはずがありません。日本代表になったり、プロになったりするレベルであればなおさらです。コンピテンシーはとても高いです。いろいろな戦術を指示したり、キャプテンでなくても、試合の動きに合わせて瞬時に判断して指示を出していくわけです。最近のリーダーシップ論で言うところの「権限のないリーダーシップ」をみんなが持っています。逆に、それを持てないとチームは強くならない。他者との関係の中で、自分は今どういう役割が求められているのか、考えないといけな

いことは山ほどあって、判断も求められます。それでも、リテラシーは低い。勉強はできない。先ほどの企業の話と同じで、目の前の具体的な経験世界がないところでの抽象的な情報操作が、やはり苦手です。イメージが湧かないらしい。ところが、サッカーの話であれば、選手としてどう頑張るとか、プレーをどう組み立てるとか、思考も使っている言葉もとても概念的です。

真下 頭の中で、上から作戦盤を見ながらしゃべっているようなイメージですね。

溝上 そうなんですよ。先ほど、会社の中の仕事は具体的だという話をしましたが、仕事・社会で「論理的思考」といっても、使っている知識が違うのではないかと思います。経験世界がまったく切り離された、まさに学校教育でアセスメントしてるようなリテラシーのレベルというのは、企業の中でも、かなり上層部の話だと思います。変化の激しい現代社会でどうやってこの会社を生き残らせるのか、環境やエネルギーの問題を会社でどのように取り組んでいけばいいかなど、経験世界を超えた、論理的に抽象度の高い議論です。しかし、少なくとも20～30代の社員がそれぞれの部署で抱えている課題というのは、非常に具体的なものです。だから、学校教育で先生たちが見ていく能力観や指導の仕方も、ここを機会に転換させないといけないと思っています。サッカー部の学生は一般的な言葉の力が弱い。サッカーを語る言葉はたくさん持っていますが、サッカー以外のところで語る言葉は貧弱です。だから、彼らに昨日のセミナーで言ったのは、「言葉の力を磨け」ということでした。

真下 私が県の教育センターにいたときに教育雑誌を担当したのですが、日本サッカー協会の田嶋幸三さんに寄稿してもらったことがあります。そこでも、日本サッカーの強化ポイントは「言葉力」だとおっ

しゃっていました。そこからサッカー協会は、つくば言語技術教育研究所の三森ゆりか先生とタッグを組んで、アスリートの言語技術教育に取り組まれています。

溝上　一流の選手には、言葉の力がありますよね。今自分は何をすればいいのかを言葉にできる、目の前にいる人たちに向かって何を言ったら伝わるのか。同じ内容でもいろいろな語り方があって、普段から言葉に敏感で、やはり言葉を通して、いろいろなことを学習しています。いくら偶然にいいプレーができても、どうしてそのプレーができたのかを自分で語れなかったら、再現できないというのは、スポーツの世界ではよく言われることです。言葉で表現できないプレーは、自身で理解できていないことと同じだからです。そして、スポーツの世界だけでなく、高校生の学習でも同じだと思いますよ。できない人たちはノートを取らないですよね。自分の言葉で、自分の思考世界とか経験世界を概念化していくような習慣がないのです。

真下　私が今の学校で、いつも生徒たちに言っていることは、私が話をするときに、全文書き取りでもいいけれど、自分で「この言葉は取っておくといいな」と思うことがあったら、メモしなさいということです。これまで、メモを取らずに頭の中にメモをしなさいという指導を長年やってきたようで。でも、それだと残っていかないんです。

溝上　それは、いわば上級編ですよ。しっかりメモを取れる人が、次にするステップです。

真下　インプットして、スループットして、アウトプット、つまり外化していくときに、自分の頭の中で書くものと書かないものを選り分けて、書き残していくという行為は、大人になっても必要な力なので、とにかく他の人の話を聴くときにはメモをしようということを、生徒たちには言っています。

外化によって経験や思考の概念化を促す アクティブラーニング

溝上　書き出す言葉を見ながら、思考が変わっていくことがありますよね。頭の中に出来上がったものを書き出しているのではなくて、書きながら、その書いたものを見ながら、思考を重ねているのです。内化して、外化して、外化されたものを見て、またそれを内化して…と、内化・外化を繰り返しているわけです。認知科学で、折り紙がどのような認知プロセスを経て折られているかを研究しているものがありますが、最初から折り方が頭の中にあって、そのまま仕上げる人はいないと説明されています。折りながら、折った形を見て、次はこう折ればいいと思い出して、次につなげていくのです。それは勉強も同じで、自分のことを、自分の言葉で自分の世界につないで、そうして紡いで発展させていくのです。

真下　やはり、メモは大切ですよね。私たちも今、メモを取っていますし。

溝上　ガンガン取っています。たとえば、先ほど先生が「自立的な学習者」とおっしゃって、メモをしていて、そこからたくさん思い浮かぶことが出てきて、予定していなかったサッカーの話までしてしまいました。認知科学的に言うと、人の情報処理というのは決して内に閉じた閉鎖的な処理ではなくて、自己と外界世界、心理と社会を行ったり来たりしながら、開放系で、相互作用で進んでいくのです。それを学校教育の中で実践的に言えば、メモじゃないですか。先生たちにもメモの指導をしてもらいましょうよ。

真下　もともとメモのことを言うようになったのは、いわゆる教育困難校と呼ばれていた学校で教えていた経験からです。ある生徒が私の授業

中にふんぞり返って聞いてるわけですよ。ところが、「ここが肝要だ」というところで、彼がメモを取るんです。その彼の鋭さに、私はドキドキさせられていました。

溝上　大事な言葉を選び取るというのも、すごく重要な行為です。先生も「全文書き取りではなくて、思ったところを書き取る」とおっしゃいましたが、これが結構難しいのです。自分に響いた言葉を選びとって、自分に響いたところをモニターし続けて、それが自分の心の世界を作ることになり、人は成長していきます。だから、メモに正解はなくて、自分に響いたこと、それが正解です。これを書いたら点数が上がるといったことではない。それを積み重ねていったら、自分が何に興味を持っていて、次にどうなったら自分は嬉しくなるのか、つまり自分の心が分かってくるのです。

真下　それは、リテラシーの成長につながっていきますか。

溝上　それは絶対に取り組まなければならない今後の課題です。先ほどもお話したとおり、学校教育では、抽象度の高い汎用的な資質・能力、学力の伸長を求めています。だけど、その能力を持っているのはやはり学力上位層の人たちで、そこについては、私たちはあまり困っているわけではない。学校教育の中で課題となるのは、どうしても抽象度の高いところの力が弱い中下位層です。彼らには、これまでも「文武両道」と言ったりして、部活動を頑張らせてきましたよね。言い換えれば、経験世界に強い生徒たちをいいと思っているということです。経験世界にのめり込む力があるのだから、生徒たちをその経験世界から概念世界に上げていく手助けになるのは何だろうといろいろと考えてきましたが、やはり言葉だと思います。

真下　言葉にしなければ人には伝わらないし、自分にも見えていないということになりますからね。

溝上　そうです。だから、アクティブラーニングは言葉による外化なのです。もちろん、身体表現で自分の思いを伝えるといったことはありますが、ほとんどは言葉です。そこから、正解とされる知識も確認したりするけれど、正解ではなくても「自分はこうだ」というものが出てくるということがアクティブラーニングです。みんなで講義を聞いて、課題を与えられて、議論して、みんなで正解にたどり着くだけの、そんなアクティブラーニングでは、つまらないじゃないですか。みんなが取り組んでいる課題を超えて、とんでもないジャンプがあっていいと思います。それは、やはり自分の経験世界とつなげて、自分の言葉で語るということです。それがないと、どうして自分で書いたり話したりする必要があるのかを説明できない。これが、本調査から見えてきたいろいろな構造と、学校教育の状況をすり合わせて、今のところ、私が次のステップとして抱いている大きな課題だと思っています。そして、今日、先生と議論してきて、それが間違っていないという実感を得ました。

真下　私がいきなり「外化」と言い始めて、全然違ったところの議論になっていませんでしたか。

溝上　いえいえ、先生の最初の「外化」から始まって、「自立的な学習者」がそれを広げてくれて、でも、柱としては、すべて同じところを通ってきた時間だったと思います。

真下　初等中等教育にいる私たちが、この調査結果を受けて、現場の中で何を視点にしていくべきなのかを改めて考え直すチャンスをいただいたと感じます。

溝上　そうですね。中学・高校でいえば、小学校からのトランジションということも含めて、学校教育の目的について確認し、カリキュラム・マネジメントやスクール・ポリシーといったものも視野に入れながら、本調査のデータから、これからの学校教育の課題を考え、特に中下位層

をどうやって育てていくか、今日先生と議論できました。これを通して私たちが次に進みたいところも明らかになってきて、新しいスタートを切れそうです。

真下　ありがとうございました。

溝上　ありがとうございました。楽しかったです。

---

i PROGとは、河合塾とリアセックが共同開発したジェネリックスキルの成長を支援するアセスメントプログラム。専攻・専門にかかわらず、大卒者として社会で求められる汎用的な能力・態度・志向＝ジェネリックスキルを測定・育成。テストでは、リテラシーとコンピテンシーの2つの観点から測定し、自身の現状を客観的に把握できる。

ii 学びみらいPASSとは、学力の3要素に対応した「教科学力」「リテラシー」「コンピテンシー」に加え、学力育成の下支えとなる「興味・関心」「学習生活パターン」までを含めた「新しい学力」を測定し、生徒の特長・特性を多面的に捉える河合塾のアセスメントテスト。

iii 中央教育審議会『「令和の日本型学校教育」の構築を目指して〜全ての子供たちの可能性を引き出す、個別最適な学びと、協働的な学びの実現〜（答申）』（2021年1月26日）

10年の調査を終えて
——理論的・実践的示唆と今後の課題

　調査名が「学校と社会をつなぐ調査」と題されている通り、本プロジェクトは、高校・大学を主たる対象として、「学校」教育が、仕事・「社会」とつながって改善・改革されなければならないのかを実証的に検討するべく進められてきたものである。

　理論的には、近代社会の進展に伴い、仕事・社会の変化に合わせた学校（本プロジェクトでは高校・大学）の社会的機能の改善・改革が求められているからだと説明される¡。調査の通称に「10年トランジション調査」と名付けたように、昨今の学校教育改革を「学校から仕事・社会へのトランジション（移行）」に向けたトランジション改革と呼んできたのは、この近代社会の文脈にのっとってのものである。多くの生徒・学生は、勉強が好きで、学問をしたくて高校、大学で学ぶわけではない。社会人（職業人、大人）になって求められる基礎的な知識・技能、資質・能力をより高度に身に付け、興味・関心に応じてキャリア形成（ワークキャリア・ライフキャリア）をしていく準備期間として高校、大学で学ぶのである。そのような意味での学校教育を社会構造的に構築・提供してきたのは近代化を進めてきた国（政府）であり、その枠組みで考える限りは、学校教育の中でなされる教授学習やさまざまな活動が、仕事・社会の変化に合わせて見直され、改善・改革される必要があると考えられるのである。

　これに日本固有の事情が加わる。つまり、大学受験が大きな存在感を持つ日本の高校・大学において、両者の間に教授学習観の大きな質的断絶がある。それは、高校までは大学受験を頂点とする詰め込み学習、大

学からは自律的な学習と声高に説かれてきたような言説を通して理解される。2000年以降大学は、今日政府が呼ぶところの、社会人として求められる資質・能力の育成に向けた大学教育への転換を、キャリア教育やアクティブラーニングも含めて、さまざまなレベルで積極的に推進してきた。しかし、大学受験の至上命題を頑なに守る高校は、大きくは変わろうとしなかった。

「はじめに」で述べたように、大学教育だけでトランジション改革を進めることができないと考え始めたところから、このプロジェクトは起案された。大学でいくら学生を学び育てる教育改革が進められても、大学入学時の１年生の学習習慣や資質・能力は良くも悪くもかなり発達しており、ゼロベースで彼らを学び成長させるには年齢的に遅すぎるように思われたからである。今日「対話的な学び」と呼ばれるような他者との議論やグループワークなどのアクティブラーニングは、対人関係に関するパーソナリティの発達と関連していて[ii]、特にそうであると思われた。大学受験に向けた高校教育ではなく、トランジションに向けた高校教育への改善・改革を求めなければならなかった。そのためには、高校生がどのように大学生になり、そして社会人となるのかの成長のプロセスを実証的に明らかにする必要があった。こうして本プロジェクトは始まったのである。

約10年にわたる本調査の結果（**第1章を参照**）から実証的に得られた細かな知見はいくつもあるが[iii]、次の３点は今後のトランジション改革の大きな視座としていきたいものである。

第１に、高校から大学、仕事・社会へとかけて、資質・能力がクラス移動をするほどに大きくは変化しないことである。高校生・大学生にとっての資質・能力（本研究で扱ったのは「他者理解力」「計画実行力」

「コミュニケーション・リーダーシップ力」「社会文化探究心」）は、誕生以前から遺伝の影響を受けながらも、誕生以後も生育環境の中で、長年にわたって良くも悪くも発達してきた能力・態度である。高校生あるいはそれ以前に十分にできなかったこと、してこなかったことが、大学生、社会人になってゼロベースで取り組み、できるようになるとは考えにくいものである。本プロジェクトを通してこの仮説は検証された。知見を高校にフィードバックしなければならない。そして、大学受験に向けた高校教育から、大学受験への現実的対応を図りながらも、トランジションに向けた高校教育へと転換を促さなければならない。そうでなければ、仮に良い大学に入れたとしても、社会人（職業人、大人）としての基礎力を十分に身に付けないまま大学生の期間を過ごすことになる。このことを少しでも避けたい。

　第2に、人はそれでも成長するということである。発達的には良くも悪くも成熟の域に達する時期であるとしても、そのことは、人がまったく変化しないことを意味するものではない。**第3章**では、高校2年生から大学4年生までの資質・能力の変化の分析結果を受けて、クラス移動はしないが、各クラスの中で資質・能力の得点がポジティブに上昇・変化していることを紹介した。また、大学3・4年生の振り返り調査の結果からは、大学入学後自身が成長したと感じる学生が7割もいることを紹介した。ここで示す「変化」は、第1の変化を「成熟的発達（matured development）」と呼ぶならば、それに対して「成長（growth）」と呼べるものである。この意味での「成長」であれば、高校生、大学生に限らず、中年期、老年期も併せて一生涯にわたって認められるものである。

　第3に、高校生から大学生、社会人にかけて、人は「間接効果の積み重ね」によって学び、成長するということである。これは、高校2年生

から社会人3年目に直接的に大きく影響を及ぼしている変数が認められなかったことから示唆されたことである。高校から大学への移行期、その後大学生になってからの前半期、後半期といったように、節目節目の時期に学習態度やキャリア意識等を再構築することで、生徒・学生は社会へと移行（トランジション）していくのだと考えられる（**第1章**）。

　もちろん、以上の知見は、大規模な縦断調査であったとは言え、一回限りの調査から得られたものである。サンプルの偏りが深刻にあったとは思っていないが、なかったと言えるわけではない。社会階層の影響の検討も含めて（**第4章**の中村氏からのコメント）、今後のさらなる調査が求められる。

　また、トランジション先の仕事・社会のうち、「社会」については本プロジェクトでほとんど扱えなかった。短期大学、専修学校、大学院進学者についても、収集したサンプル数の少なさや分析結果が複雑になりすぎることを懸念して、検討を断念した経緯もある。あわせて今後の課題としたい。

　最後に、このテーマが今どのような実践的状況にあるのかの所見を述べて、本プロジェクトを閉じることとしたい。

　「**はじめに**」で述べたように、本プロジェクトを企画した2013年頃というのは、まったくとは言わないまでも、今ほどまでにトランジションに向けた施策が政府から打ち出されている時期ではなかった。大学教育では、2012年に中央教育審議会から『質的転換答申iv』が出され、「アクティブ・ラーニング」が施策として推進されることになったが、世の中の雰囲気としてはまだまだこれからという様相であった。本プロジェクトの大きな目的であった高校と大学との接続、すなわち高大接続が、政府から大きな改革として進められたのは、2014年に出された『高大

接続答申 v』以降のことであった。同じ年、それに連動して、学習指導
要領改訂に向けた審議も本格的に始まった vi。後に、「資質・能力の3
つの柱」「社会に開かれた教育課程」というキーワードで審議がまとめ
られたように vii、初等中等教育は、大学以上にトランジションに向けた
施策へと方向転換することとなった viii。大学入試改革という点では、高
大接続改革は当初期待されたようには進まなかったものの、「総合型選
抜」をはじめとする大学入試の多様化はかなり進み、かつ並行して進め
られた新学習指導要領における「主体的・対話的で深い学び（アクティ
ブ・ラーニングの視点）」や「総合的な探究の時間」は、2023年現在、
高校教育に一定程度浸透している状況である。

　私たちが本プロジェクトを企画した2013年時に、ここまでの国家的
な教育改革を予見していたわけではなかったが、私たちはまさにこのよ
うな改革を期待して本プロジェクトを開始したのであった。その意味で
は、偶然であったが、本プロジェクトの開始後すぐに、政府の高大接
続、トランジションに向けた施策・教育改革が始まり、私たちはそれと
並行する形でプロジェクトを進めたということになる。もっとも、政府
の施策は実践的に大いに進んだにせよ、それを裏付ける実証的なデー
タ・エビデンスはまだまだ少ないのが実情である。本プロジェクトは、
それに資する実証的な基礎的資料の一つを提供したと言っていいかもし
れない。

　トランジション改革の大きなポイントである学習パラダイムへの転
換、その上でのアクティブラーニングや主体的・対話的で深い学びの実
現は、教師から生徒・学生への一方通行の講義型授業の改善に本質的な
ポイントがある ix。しかし、この意味でのトランジション改革を行えて
いる大学は、2012年の『質的転換答申』で謳われてすでに10年経って

も依然と多くはないのが実情である。今後、この割合が増えていくだろうという楽観的な見通しを持てる状況でもない。取り組む大学はすでに取り組んでおり、他方で取り組ま（め）ない大学はこれからも十分に取り組まないだろうと見ている。

　それに対して、新学習指導要領を通して「主体的・対話的で深い学び（アクティブ・ラーニングの視点）」の実現が求められている高校教育では、観点別学習状況などの評価システムも厳格に見直され、大学教育よりは数歩前に進んでいるように見える。それでも、生徒主体の学習パラダイムが、国語や数学、社会などの伝統的な教科の授業で一般的になされているかは疑わしいと言わざるを得ない。学習指導要領改訂の答申ₓが出されてすでに6年が経っているが、これも大学と同様で、取り組む高校はすでに取り組んでおり、取り組ま（め）ない高校はこれからも十分に取り組まないだろうと見ている。

　この10年の間、筆者は、学びと成長、トランジションの実現のために、高校生は学習パラダイムへの転換、その意味でのトランジション改革にしっかり取り組む大学に進学していくべきであり、そのような進路指導を高校あるいは高校生に説いてきた_{xi}。しかし、それは思うように響いていないと率直に感じている。根深く機能する偏差値の問題もあるが、それだけではない。つまり、このテーマに関する改善・改革をまったく行っていない大学は少なく、特にプロジェクト学習（PBL）や地域・国際連携などのフィールドワークの授業などは、提供していない大学を探す方が難しいほどである。入学すれば、それがほんの一部の学生を対象にしたプログラムであり、4年間（6年間）のカリキュラムの視点で見れば、伝統的な講義＋演習型の授業が依然と一般的であること、結果として大学全体としては学びと成長、トランジションの実現に向けた教育

に十分転換されていないことはすぐ分かるのであるが、大学選びの段階で、一般の高校教員や高校生がそれを見抜いて大学を選ぶことはかなり難しい。しかも、どの大学にもアクティブラーニング型授業を熱心に行う教員は一部存在する。入学した大学はトランジション改革に熱心に取り組んでいないものの、幸運にも、そんな教員の授業をいくつか受け、「○○大学で興味深いアクティブラーニング型授業を受けました」と評する卒業生の声は少なからず耳にしている。逆に、しっかりトランジション改革に取り組んでいる大学と評価されている大学に入学しても、すべての教員が質の高いアクティブラーニング型授業を行えているわけではないことから、結果的にあまりアクティブラーニング型授業を享受することなく卒業したという声も耳にしている。人が人に教え育てる教育を問題にする以上、いろいろ調べて大学へ入学したとしても、このようなことは少なからず起こり得るということであり、そのことは、本プロジェクトを開始した10年前には考えていなかったこととして記しておきたい。

　興味深い動きもある。高校教育では、教科におけるアクティブラーニング型授業（主体的・対話的で深い学び）への転換については、大学より少し先んじている状況だと先に述べた。しかしながら、総合型・学校推薦校型選抜など多様化する大学入試が進む中で、探究的な学習の成果が選抜資料としてかなり用いられるようになり、そのことにより高校で探究的な学習の取り組みがポジティブに加速している。そして、それが探究的な学習の取り組みにとどまらず、文科省が習得・活用・探究の「学びの過程」と謳ってきたような[xii]、探究での取り組みを習得、つまり伝統的な教科の授業にもつなげて、改めてアクティブラーニング型授業を発展させる動きにつながっている。実に興味深い動きとして注目される。他方で、このようなことに相当する大学教育の新しい動きは認め

られず、鈍い状況が依然と続いているように見える。

　第3章のインタビューや第5章の濱中氏とのディスカッションで指摘されたように、大人数の座学中心の授業が大半を占め、学生の資質・能力を本気で育成しようと考えていない大学が依然として少なからずある。大学は変われないのか。あるいは、インタビューの参加者のように、大学には期待せず、主体的に大学の外に学びと成長の機会を求め、資質・能力を向上させるという方向に向かうのか。今後さらなる動向への注視が求められよう。

（溝上　慎一）

〈参考文献〉

i　溝上（2014）を参照。溝上慎一（2014）．学校から仕事へのトランジションとは　溝上慎一・松下佳代（編）　高校・大学から仕事へのトランジション―変容する能力・アイデンティティと教育―　ナカニシヤ出版，pp.1-39.

ii　溝上慎一（2018）．学習とパーソナリティ―「あの子はおとなしいけど成績はいいんですよね！」をどう見るか―　東信堂

iii　河合塾グループサイト（https://www.kawaijuku.jp/jp/research/sch/）参照。高校2年生から社会人3年目までの報告書がPDFで公開されている。

iv　中央教育審議会『新たな未来を築くための大学教育の質的転換に向けて～生涯学び続け、主体的に考える力を育成する大学へ～（答申）』（2012年8月28日）

v　中央教育審議会『新しい時代にふさわしい高大接続の実現に向けた高等学校教育、大学教育、大学入学者選抜の一体的改革について～すべての若者が夢や目標を芽吹かせ、未来に花開かせるために～（答申）』（2014年12月22日）

vi　下村博文文部科学大臣『初等中等教育における教育課程の基準等の在り方について（諮問）』（2014年11月20日）

vii　中央教育審議会『幼稚園、小学校、中学校、高等学校及び特別支援学校の学習指導要領等の改善及び必要な方策等について（答申）』（2016年12月21日）

viii　溝上慎一（2023）．インサイドアウト思考―創造的思考から個性的な学習・ライフの構築へ―　東信堂

ix　溝上慎一（2014）．アクティブラーニングと教授学習パラダイムの転換　東信堂

x　中央教育審議会『幼稚園、小学校、中学校、高等学校及び特別支援学校の学習指導要領等の改善及び必要な方策等について（答申）』（2016年12月21日）

xi　溝上慎一（2021）．高校生の学びと成長に向けた「大学選び」―偏差値もうまく利用する―　東信堂

xii　溝上慎一のウェブサイト「（用語集）習得・活用・探究」を参照。http://smizok.net/education/

巻末資料１：これまでの調査実施の概要

●高校２年生調査（高２）

2013年10～12月実施。全国計378校の高校２年生45,311名（男性21,238名、女性22,588名、不明1,485名）が教室で、あるいはインターネットで調査票に回答。メールアドレスをインターネットで登録し、継続調査を承諾した16,829名（回答者の37.1%）が、以後の継続調査の対象者となる。

●高校卒業時調査

2015年４月末にインターネットで実施。7,420名（男性2,951名、女性4,469名。継続調査を承諾した人の44.1%）が回答。調査内容は、高校２年生調査で尋ねられなかった項目（高校在籍時の居住都市、親の職業や学歴、年収等の社会階層情報）や卒業後の進路・就職状況など。

●大学１年生調査（大１）

2015年11～12月にインターネットで実施。5,939名（高校２年生調査で継続調査を承諾した人の35.3%）が回答。そのうち、４年制（あるいは６年制）大学へ進学した4,751名を分析の対象とした。ただし、同一数字を続けて回答するなどいい加減だと見なされる回答者74名を除いたので、最終的には4,677名（男性1,792名、女性2,850名、その他35名）が分析対象者である。

●大学２年生調査（大２）

2016年11～12月にインターネットで実施。分析対象者は、大学１年生調査で４年制（あるいは６年制）の大学へ現役で進学しており、調査に回答した3,586名（男性1,335名、女性2,226名、その他25名）である。高校２年生調査で継続調査を承諾した人の21.3%に相当する。

●大学３年生調査（大３）

2017年11～12月にインターネットで実施。分析対象者は、大学１年生調査で４年制（あるいは６年制）の大学へ現役で進学しており、調査に回答した3,239名（男性1,206名、女性2,014名、その他19名）である。高校２年生調査で継続調査を承諾

した人の19.2％に相当する。

●大学4年生調査（大4）

2018年11〜12月にインターネットで実施。分析対象者は、大学1年生調査で4年制（あるいは6年制）の大学へ現役で進学しており、調査に回答した2,742名（男性996名、女性1,731名、その他15名）である。高校2年生調査で継続調査を承諾した人の16.3％に相当する。

●社会人3年目調査（社3）

2021年12月にインターネットで実施。調査は、大学1年生調査で4年制の大学へ現役で進学し、卒業したと見なされる人（調査目的を簡潔化して検討するため、6年制学部の大学に所属していた人、大学院に進学した人は調査対象から除外した）を対象とし、回答者は1,486名（男性442名、女性1,037名、その他7名）である。高校2年生調査で継続調査を承諾した人の8.8％に相当する。分析はこの中から、「大学を卒業して、就職・仕事をしている（フリーランス、アルバイトを含む）」2〜3年目の社会人1,457名（内訳はp.17で示す）を抽出して行った。

巻末資料2：使用変数の説明

●資質・能力（高2，大1，大2，大3，大4，社3）

資質・能力に関する18項目を下記の通り尋ねた。
「最近のあなたをふり返って、下記の事柄がどの程度身についたと感じますか」（5件法）
（1）計画や目標を立てて日々を過ごすことができる
（2）社会の問題に対して分析したり考えたりすることができる
（3）リーダーシップをとることができる
（4）図書館やインターネットを利用して必要な情報を得たりわからないことを調べたりすることができる
（5）他の人と議論することができる
（6）自分の言葉で文章を書くことができる

(7) 人前で発表をすることができる

(8) 他の人と協力して物事に取り組める

(9) コンピュータやインターネットを操作することができる

(10) 時間を有効に使うことができる

(11) 新しいアイディアを得たり発見したりすることができる

(12) 困難なことでもチャレンジすることができる

(13) 人の話を聞くことができる

(14) 自分とは異なる意見や価値を尊重することができる

(15) 人に対して思いやりを持つことができる

(16) 忍耐強く物事に取り組むことができる

(17) 異文化や世界に関心を持つことができる

(18) 自分を客観的に理解することができる

本研究では、因子分析の結果を見て4因子で整理し、因子負荷の高い項目を用いて加算平均し、分析を行った。

(1) 他者理解力：項目 (13) (14) (15) の加算平均。α =.77/.80/.82/.81/.79/.80

(2) 計画実行力：項目 (1) (10) (12) (16) の加算平均。α =.77/.76/.77/.78/.78/.74

(3) コミュニケーション・リーダーシップ力：項目 (3) (5) (6) (7) (8) の加算平均。α =.81/.79/.82 /.80 /.79/.79

(4) 社会文化探究心：項目 (2) (4) (17) の加算平均。 α =.61/.54/.60/.52 /.54/.56

*高2〜社3の順で示す

*項目 (9) (11) (18) は因子分析の結果、因子負荷量が低く、分析から除外している。

●成績（大1，大3）

「あなたの成績は平均してどれくらいですか。もっとも近い番号を1つ選んでください。」

(6) 履修した科目の80％以上が優 (80点以上) の成績である

(5) 履修した科目の60〜80％未満が優 (80点以上) の成績である

(4) 履修した科目の40〜60％未満が優 (80点以上) の成績である

(3) 履修した科目の20〜40％未満が優 (80点以上) の成績である

(2) 履修した科目の20％以下が優 (80点以上) の成績である

(1) その他（わからない、覚えていない、など）

本研究では、(1) を欠損値として処理して分析を行った。

●主体的な学習態度（大1，大3）

「以下のそれぞれの項目内容は、あなたにどの程度あてはまりますか。もっとも近いものを1つ選んで、数字に○をつけてください。」（5件法）

*授業や場合によって変わるかもしれませんが、「一般的にこの程度」という感覚でお答えください。

*課題、プレゼンテーション、レポートの経験がない方は、「出されたらどのように取り組むか」ということを想定してお答えください。

　　(1) レポートや課題はただ提出すればいいという気分で仕上げることが多い*

　　(2) レポートは満足がいくように仕上げる

　　(3) 授業には意欲的に取り組む

　　(4) 課題には最小限の努力で取り組む*

　　(5) 単位さえもらえればよいという気持ちで授業に出る*

　　(6) 課題は納得いくまで取り組む

　　(7) 課されたレポートや課題を少しでも良いものに仕上げようと努力する

　　(8) 授業はただぼうっと聞いている*

　　(9) プレゼンテーションの際、何を質問されても大丈夫なように十分に調べる

本研究では、逆転項目 (*) を反転させて、加算平均して分析を行った。大1（ α =.85）、大3（ α =.87）

〈出典〉

・畑野快・溝上慎一 (2013). 大学生の主体的な授業態度と学習時間に基づく学生タイプの検討　日本教育工学会論文誌, 37 (1), pp.13-21. で開発した「主体的な授業態度」尺度を、畑野 (2013) にならって、「主体的な学習態度」尺度と名称を変えて使用している。

・畑野快 (2013). 大学生の内発的動機づけが自己調整学習方略を媒介して主体的な学習態度に及ぼす影響　日本教育工学会論文誌, 37 (Suppl.), pp.81-84.

●アクティブラーニング外化（AL外化）（大1，大3）

「大学で、話し合いや発表のある授業に対して、以下の項目のような態度をどの程度とっていましたか。それぞれの項目について、もっとも近い選択肢を1つ選んでください。」（4件法）

*そういう授業が全くなかった人は、「あてはまらない」を選んでください。

（1）議論や発表の中で自分の考えをはっきりと示す

（2）根拠を持ってクラスメイトに自分の意見を言う

（3）クラスメイトに自分の考えをうまく伝えられる方法を考える

本研究では、加算平均して分析を行った。大1（ α =.84）、大3（ α =.82）

〈出典〉

・溝上慎一・森朋子・紺田広明・河井亨・三保紀裕・本田周二・山田嘉徳（2016）．Bifactorモデル によるアクティブラーニング（外化）尺度の開発　京都大学高等教育研究, 22, pp.151-162.

●二つのライフ（大1，大3）

Q1「あなたは、自分の将来についての見通し（将来こういう風でありたい）を持っていますか。」

（1）持っている

（2）持っていない

Q2「あなたは、その見通しの実現に向かって、今自分が何をすべきなのか分かっていますか。またそれを実行していますか。最もあてはまるものを1つお知らせください。」

（1）何をすべきか分かっているし、実行もしている

（2）何をすべきかは分かっているが、実行はできていない

（3）何をすべきかはまだ分からない

Q1、Q2の回答より、

（4）見通しあり・理解実行（Q1の（1）＋Q2の（1））　→（3）

（3）見通しあり・理解不実行（Q1の（1）＋Q2の（2））　→（2）

（2）見通しあり・不理解（Q1の（1）＋Q2の（3））　→（2）

（1）見通しなし（Q1の（2））　→（1）

のステイタスを作成し、それを（3）（2）（1）に再分類して得点化し、分析を行った。

〈出典〉

二つのライフの説明、ステイタス、再分類・得点化については下記の文献を参照のこと。

・保田江美・溝上慎一（2014）．初期キャリア以降の探究──「大学時代のキャリア見通し」と「企業におけるキャリアとパフォーマンス」を中心に　中原淳・溝上慎一（編）．活躍する組織人の探究 ──大学から企業へのトランジション──　東京大学出版会, pp.139-173.

● （大学生の）一週間の生活（大1，大3）

「一週間の生活を振り返って、あなたは次の活動にどれくらいの時間を費やしていますか。一週間の平均的な時間数を記入例を参考にして記入してください。」

No.	活動内容	記入例	
1	授業や実験に参加する	15　時間	時間
2	授業に関する勉強（予習や復習、宿題・課題など）をする	5　時間	時間
3	授業とは関係のない勉強を自主的にする	0　時間	時間
4	友達と会う、遊ぶ	5　時間	時間
5	クラブ・サークル活動をする	12　時間	時間
6	コンパや懇親会などに参加する	3　時間	時間
7	アルバイトをする	8　時間	時間
8	社会貢献活動をする（ボランティアやNPOの活動など）	0　時間	時間
9	テレビをみる	20　時間	時間
10	電話、LINE、メール交換、SNS（mixiやFacebookなど）をする	14　時間	時間
11	インターネットサーフィンをする	7　時間	時間
12	ゲーム（ゲーム機・コンピューターゲーム・オンラインゲーム）をする	0　時間	時間
13	勉強のための本（新書や専門書など）を読む	0　時間	時間
14	娯楽のための本（小説・一般書など、マンガや雑誌を除く）を読む	3　時間	時間
15	マンガや雑誌を読む	5　時間	時間
16	新聞を読む	0　時間	時間
17	通学にかかる時間	10　時間	時間

〈出典〉

・京都大学高等教育研究開発推進センター・電通育英会主催『大学生のキャリア意識調査2013』調査票　http://www.dentsu-ikueikai.or.jp/transmission/investigation/about-2/

●家庭の社会経済的地位（社会階層：高校卒業後）

　父の学歴、母の学歴、世帯年収の3変数の得点を標準化して、加算平均し、（3）高、（2）中、（1）低　と分類した。いずれかの変数が欠損だった場合には、2変数を用いて同様に加算平均した。

①あなたのご両親（またはそれにかわる方）の最終学歴をおたずねします。あてはまる番号を下の空欄に記入してください。

(1) 中学まで

(2) 高校まで

(3) 専修学校や各種学校（料理、コンピュータ、洋裁、デザイン、美容師などの
　　学校）まで

(4) 短大や高専まで

(5) 大学まで

(6) 大学院まで

(7) 不明

(8) いない

* (7)（8）は欠損値として処理

A．お父さん（またはそれにかわる方）の最終学歴　　（　　　　　）

B．お母さん（またはそれにかわる方）の最終学歴　　（　　　　　）

②あなたが高校を卒業した頃のご家族全体の収入は次の中のどれに近いですか。

＊あなた以外のご家族について、臨時収入、副収入、年金、株式配当などすべての
収入を合わせた額（税や保険料などを差し引く前の額）をお答えください。

(1) 200万円未満

(2) 200～300万円未満

(3) 300～400万円未満

(4) 400～500万円未満

(5) 500～600万円未満

(6) 600～700万円未満

(7) 700～800万円未満

(8) 800～900万円未満

(9) 900～1,000万円未満

(10) 1,000～1,200万円未満

(11) 1,200～1,500万円未満

(12) 1,500万円以上

(13) 分からない

* (13)は欠損値として処理

●高校の大学進学程度（高2）

河合塾の進学資料を用いて、所属する高校を以下のいずれかに分類した。

(3) 難関国公立大・私立大に多数進学

(2) 中堅国公立大・私立大に多数進学

(1) その他の私立大・短大に多数進学

●国公私立大学（高校卒業後）

「現在在籍している大学は、国立ですか、公立ですか、私立ですか。」

(1) 国立

(2) 公立

(3) 私立

本研究では、(1) 国公立　(0) 私立　と再分類して分析を行った。

●大学の入試偏差値（高校卒業後）

現在在籍している大学を河合塾の「入試難易ランキング予想表」を参考にして

(5) 偏差値65以上

(4) 偏差値60-64

(3) 偏差値50-59

(2) 偏差値40-49

(1) 偏差値39以下

(0) 不明

に分類した。本研究では、度数の関係から (1) と (2) を合算して、(2) 偏差値49以下として分析を行った。(0) 不明　は欠損値として処理した。

●大学の所属学部・学科（高校卒業後）

「学部・学科の種類は何ですか。もっとも近い番号を選んでください。」

(1) 人文科学系（文学・教養・外国語・哲学・歴史学・教育学など）

(2) 社会科学系（法学・経済学・商学・社会学など）

(3) 理科系（理学・工学・農学など）

(4) 芸術系（美術・音楽・デザイン学など）

(5) (1) ～ (4) 以外の文科系でもあり理科系でもある

(6) 4年制の医療系（薬学・看護学・リハビリテーション学・社会福祉学など）

(7) 6年制の医療系（医学・歯学・薬学など）

(8) その他 （　　　　　　　　　　　　）

本研究では、(4) と (5) と (8) を合算して (8) その他とし、

 (1) 人文科学系 (文学・教養・外国語・哲学・歴史学・教育学など)

 (2) 社会科学系 (法学・経済学・商学・社会学など)

 (3) 理科系 (理学・工学・農学など)

 (6) 4年制の医療系 (薬学・看護学・リハビリテーション学・社会福祉学など)

 (7) 6年制の医療系 (医学・歯学・薬学など)

 (8) その他

とカテゴリーを整理して分析を行った。

●職場における組織社会化尺度 (組織社会化) (社3)

「次の文章はあなたにどのくらいあてはまりますか。最もあてはまる番号を○で囲んでください。」(5件法)

 (1) 自分の職務に関する特別な用語や専門用語をマスターしている

 (2) 自分の所属部署や一緒に仕事をしているグループの成り立ち・これまでの出来事について、よく知っている

 (3) 自分の仕事をうまくこなしていくうえで必要な技能 (スキル) や能力を十分に身に付けている

 (4) 自分の会社内、職場内で、誰と誰は仲が良く、誰と誰は仲が悪いといったような人間関係をよく把握している

 (5) 自分の会社独自で使われる特有の言葉や言い方を習得している

 (6) 誰に影響力があるのか、出世するにはどうしたらいいのかといった部署内の政治について、よく理解している

 (7) 仕事の「こつ」を習得してる

 (8) 自分の会社の価値観や理念をよく理解し、それにふさわしい行動や振る舞いができる

舘野・中原 (2016) では、「職業的社会化」「文化的社会化」と 2つ下位次元の合計得点が算出されている (pp.108-109) が、本研究では全項目を加算平均し、分析を行った。a =.83

〈出典〉

・高橋弘司 (1993). 組織社会化研究をめぐる諸問題——研究レビュー—— 経営行動科学, 8 (1), pp.1-22.
・舘野泰一 (2016). 職場で主体的に行動できる人は、どのような大学生活を過ごしてきたか——大

学での学び・生活が入社後のプロアクティブ行動に与える影響──　舘野泰一・中原淳（編）　アクティブトランジション──働くためのウォーミングアップ──　三省堂，pp.114-124.

・舘野泰一・中原淳（編）(2016). アクティブトランジション──働くためのウォーミングアップ──　三省堂

●職場における業務能力の向上（能力向上）（社3）

「次の文章はあなたにどのくらいあてはまりますか。最もあてはまる番号を○で囲んでください。」（5件法）

(1) 業務を工夫してより効果的に進められる

(2) 他者や他部門の業務内容を尊重して仕事ができる

(3) 初めて組む相手ともうまく仕事を進められる

(4) より大きな視点から状況を捉えることができる

(5) 以前の自分を冷静に振り返ることができる

(6) 仕事をする上で、精神的に打たれ強くなっている

(7) 苦手だった業務を円滑に進められる

(8) 他者や他部門の立場を考えて仕事ができる

(9) 複数の部門と調整しながら仕事を進められる

(10) 多様な観点から考えて仕事ができる

(11) 自分のマイナス面を素直に受け入れることができる

(12) 仕事をする上で、精神的なストレスに強くなっている

(13) 仕事の進め方のコツをつかんでいる

(14) 他者や他部門の意見を受け入れて仕事ができる

本研究では、6つの下位尺度を潜在因子とした、高次因子「能力向上」の得点を仮定し、全項目の得点を加算平均し分析を行った。 α =.88

〈出典〉

・中原淳（2010). 職場学習論──仕事の学びを科学する──　東京大学出版会

・舘野泰一・中原淳（編）(2016). アクティブトランジション──働くためのウォーミングアップ──　三省堂

　第１章２の分析結果で用いた変数間の相関分析（ピアソンの相関係数）の結果を示す。

		1	2	3	4	5	6
1	性	—					
2	家庭の社会経済的地位	.00	—				
3	（高２）勉学タイプダミー	.06*	.06*	—			
4	（高２）部活動タイプダミー	− .05	− .05	− .42**	—		
5	（高２）交友通信タイプダミー	.12**	− .02	− .26**	− .20**	—	
6	（高２）行事不参加タイプダミー	.00	− .03	− .28**	− .21**	− .13**	—
7	（高２）都市度	.01	− .01	.01	− .04	− .03	.05
8	（高２）高校の大学進学程度	− .06*	.21**	.15**	− .04	− .10**	.01
9	（高２）中高一貫	.03	.17**	.11**	− .10**	− .06*	.05
10	（高２）地域移動	.04	.09**	− .10**	.02	.07*	.06*
11	（入学時）入試形態	.02	− .04	− .09	.03	.08	− .01
12	（入学時）第一志望	− .03	− .04	− .04	.01	− .03	.06
13	（入学時）国立ダミー	− .06*	.04	− .09**	− .01	− .14**	.01
14	（入学時）私立ダミー	.06*	− .03	− .09**	− .02**	.14**	− .01
15	（入学時）大学の入試偏差値	− .09**	.23**	.16**	− .12**	− .10**	.01
16	（入学時）人文系学部ダミー	.04	.00	.09	.00	.04	− .04
17	（入学時）理科系学部ダミー	.12*	.03	− .07	− .05	− .03	.07
18	（入学時）４年制医療系学部ダミー	− .16**	.02	− .02	− .03	.07	− .07
19	（大１）二つのライフ	.05	− .03	.16**	− .08**	− .02	− .12**
20	（大１）主体的な学習態度	.05	.01	.17**	− .05	− .13**	− .13**
21	（大１）AL 外化	− .08**	.09**	.08**	− .03	− .03	− .13**
22	（大１）授業外学習時間	.02	.06*	.12**	− .07*	− .05	− .06*
23	（大１）成績	.10**	− .02	.11**	− .05	− .11**	.03
24	（大３）二つのライフ	.01	− .03	.15**	− .08**	.01	− .14**
25	（大３）主体的な学習態度	.07*	− .01	.13**	− .07*	− .11**	− .09**
26	（大３）AL 外化	− .06*	.06*	.10**	− .05	.00	− .13**
27	（大３）授業外学習時間	.08**	− .01	.13**	− .08**	− .05	− .04
28	（大３）成績	.12**	− .04	.09**	− .05	− .02	− .06*
29	（社３）組織社会化	− .03	.04	.13**	− .02	.03	− .15**
30	（社３）能力向上	.02	.06*	.12**	− .03	.01	− .12**
31	（社３）資質・能力	− .01	.05	.13**	− .04	.03	− .18**

7	8	9	10	11	12	13	14	15	16
−									
−.10**	−								
−.03	.06*	−							
−.01	.03	.08**	−						
−.09	.03	−.07	−.02	−					
−.05	.10**	−.05	.00	.05	−				
.01	.17**	.00	−.18**	.08	−.20**	−			
−.03	−.21**	.00	.14**	−.05	.20**	−.70**	−		
.00	.41**	.31**	.04	.05	−.24**	.23**	−.21**	−	
−.02	−.03	.05	−.05	.00	.00	−.01	.00	.12*	−
−.01	−.04	.00	.02	−.02	−.02	.02	−.02	.00	−.37**
−.10	−.04	.00	−.03	.01	−.06	.10*	−.08	.06	−.20**
−.01	−.01	−.03	−.04	−.05	.01	−.06*	.06*	−.12**	.01
−.05	−.02	−.02	−.04	.04	−.02	−.05	.07*	.00	.04
−.08**	.09**	.00	−.03	−.03	−.02	.01	−.02	.03	.00
−.01	.05	−.01	−.04	−.10	−.06*	.03	−.05	.09**	−.03
.02	.01	−.01	.02	−.08	.02	.01	.02	−.01	.00
− 03	.02	−.04	−.11**	.04	−.02	.03	−.03	.01	.02
−.04	−.03	−.03	−.05	−.01	.00	−.05	.08**	−.05	.03
−.05	.11**	.00	.00	.00	−.03	.01	−.01	.06*	.00
.03	.03	.00	−.04	.00	−.02	.04	−.10**	−.07*	−.01
.01	−.03	−.03	.04	−.05	−.02	−.04	.05	−.03	.04
.00	.04	.03	−.02	−.04	−.01	−.06*	.06*	.05	.02
.01	.07*	.00	−.03	−.09	−.02	−.07*	.08**	.07*	.04
− .03	.11**	−.01	−.03	−.03	−.01	− .02	.03	.08*	.03

		17	18	19	20	21	22
1	性						
2	家庭の社会経済的地位						
3	（高2）勉学タイプダミー						
4	（高2）部活動タイプダミー						
5	（高2）交友通信タイプダミー						
6	（高2）行事不参加タイプダミー						
7	（高2）都市度						
8	（高2）高校の大学進学程度						
9	（高2）中高一貫						
10	（高2）地域移動						
11	（入学時）入試形態						
12	（入学時）第一志望						
13	（入学時）国立ダミー						
14	（入学時）私立ダミー						
15	（入学時）大学の入試偏差値						
16	（入学時）人文系学部ダミー						
17	（入学時）理科系学部ダミー	－					
18	（入学時）４年制医療系学部ダミー	− .21**	－				
19	（大1）二つのライフ	− .03	.01	－			
20	（大1）主体的な学習態度	.01	− .01	.24**	－		
21	（大1）AL 外化	.07	− .01	.18**	.32**	－	
22	（大1）授業外学習時間	.12*	− .05	.10**	.31**	.15**	－
23	（大1）成績	− .01	.05	.17**	.36**	.11**	.10**
24	（大3）二つのライフ	− .03	.05	.42**	.16**	.21**	.09**
25	（大3）主体的な学習態度	− .06	.05	.19**	.65**	.27**	.24**
26	（大3）AL 外化	− .02	.02	.19**	.30**	.48**	.14**
27	（大3）授業外学習時間	.06	− .01	.15**	.14**	.02	.27**
28	（大3）成績	− .02	.05	.16**	.31**	.12**	.11**
29	（社3）組織社会化	.06	.01	.15**	.17**	.24**	.06*
30	（社3）能力向上	.09	.00	.16**	.22**	.27**	.12**
31	（社3）資質・能力	.03	.06	.18**	.28**	.34**	.07**

23	24	25	26	27	28	29	30	31
—								
.09**	—							
.33**	.24**	—						
.10**	.25**	.34**	—					
.06*	.13**	.17**	.04	—				
.57**	.14**	.41**	.13**	.06*	—			
.08**	.16**	.15**	.27**	.02	.08**	—		
.11**	.20**	.19**	.27**	.05	.09**	.68**	—	
.10**	.23**	.27**	.35**	.05	.09**	.56**	.71**	—

執筆者紹介

［第1章］［第3章］**溝上 慎一**（みぞかみ・しんいち）

［第2章］**知念 渉**（ちねん・あゆむ）

神田外語大学グローバル・リベラルアーツ学部 准教授

　大阪大学大学院人間科学研究科博士後期課程修了、博士（人間科学）。専門は、教育社会学、家族社会学。主な著書・論文に、『現場で使える教育社会学』（分担執筆、ミネルヴァ書房、2021年）、『〈ヤンチャな子ら〉のエスノグラフィー』（青弓社、2018年）など。『どんな高校生が大学、社会で成長するのか』（学事出版、2015年）では、第3章「ジェンダーの視点からみた高校生の生活と意識」を担当。

［第4章］**中村 高康**（なかむら・たかやす）

東京大学大学院教育学研究科 教授

　東京大学大学院教育学研究科博士課程単位取得退学。博士（教育学）。専門は、教育社会学。戦後日本の教育と選抜の変容、高校生の進路に関する量・質混合調査等の研究に取り組む。主な著書に、『現場で使える教育社会学』（共編著、ミネルヴァ書房、2021年）、『大学入試がわかる本』（編著、岩波書店、2020年）、『暴走する能力主義』（ちくま新書、2018年）など。

［第5章］**濱中 淳子**（はまなか・じゅんこ）

早稲田大学教育・総合科学学術院 教授

　東京大学大学院教育学研究科博士課程修了、博士（教育学）。専門は、教育社会学、高等教育論。主な著書に、『検証・学歴の効用』（勁草書房、2013年）など。学歴、そして大学で学ぶことの意味を実証的に分析する他、『大学入試改革は高校生の学習行動を変えるか』（共著、ミネルヴァ書房、2019年）では、高校生の学習行動を進学校や部活動との関連から分析・発表している。

［第6章］板倉 寛（いたくら・ひろし）

文化庁文化経済・国際課長、内閣官房内閣参事官（内閣官房副長官補付）

一橋大学法学部卒業、政策研究大学院大学政策研究科専攻博士課程前期修了（政策研究修士）。1999年文部省入省。島根県教育委員会総務課長、大臣政務官秘書官、在英国日本国大使館参事官、教育課程企画室長、情報教育・外国語教育課長、文部科学省初等中等教育局学校デジタル化プロジェクトチームリーダー等を経て現職。『これなら! 学校DXハンドブック』（翔泳社、2022年）に「未来の学びに向けた学校のデジタル化の進め方」を、『資質・能力を育成する授業づくり』（東洋館出版社、2021年）に「授業づくりにおける学習評価-指導と評価の一体化のために-」を寄稿。

［第7章］真下 峯子（ましも・みねこ）

昭和女子大学附属昭和中学校・昭和高等学校 校長

奈良女子大学理学部卒業、上越教育大学大学院学校教育研究科修了（教育学修士）。埼玉県の公立中学校・県立高校にて教諭として理科・生物教育に従事。埼玉県立川越女子高等学校教頭、埼玉県教育局県立学校人事課副課長、埼玉県立総合教育センター主席指導主事、埼玉県立松山女子高等学校校長、大妻嵐山中学・高等学校校長等を経て、2020年度から現職。

責任編集者紹介

溝上 慎一（みぞかみ・しんいち）

学校法人桐蔭学園 理事長、桐蔭横浜大学 教授
学校法人河合塾 教育研究開発本部 研究顧問

「学校と社会をつなぐ調査」プロジェクト企画者。京都大学博士（教育学）。専門は、青年・発達心理学、教育実践研究（学びと成長、学校から仕事・社会へのトランジション、アクティブラーニングなど）。京都大学助手、講師、准教授、教授を経て、現職。桐蔭横浜大学学長（2020-2021年）。文部科学省教育課程企画室 教育研究開発企画評価会議 委員、文部科学省・日本学術振興会「成長分野における即戦力人材輩出に向けたリカレント教育推進事業」委員会委員（委員長）のほか、大学・高等学校の評価委員・指導委員を多数務める。

編者

学校法人 河合塾

高校・大学・社会　学びと成長のリアル
―「学校と社会をつなぐ調査」10年の軌跡―

2023年10月29日　初版第1刷発行

責任編集者 ── 溝上 慎一
編　　　者 ── 学校法人 河合塾
発 行 人 ── 安部 英行
発 行 所 ── 学事出版株式会社
　　　　　　〒101-0051　東京都千代田区神田神保町1-2-5
　　　　　　☎03-3518-9655
　　　　　　HPアドレス　https://www.gakuji.co.jp

編集担当 ── 二井　豪
組　　版 ── 細川 理恵
デザイン ── 弾デザイン事務所
印刷・製本 ── 電算印刷株式会社

ISBN 978-4-7619-2969-5　C3037　　　Printed in Japan